一読、十笑、百吸、千字、万歩

——医者の流儀

石川恭三

一読、十笑、百吸、千字、万歩——医者の流儀 † 目次

第一章　諦めは心の養生

第二章　動く人には福来る

第三章　年をとることの宿命

第四章　春に笑う

まえがき

　五十年間、まがりなりにも医者を続けているという自覚が私の心の中に重量感を持って存在している。病気を治療することが医者の本分であり、そのためには自分自身が率先して病気にならないための最大限の努力をしてその範を示さなくてはならない、という医者としてごく当たり前のことを私はかなり忠実に実行してきた。今、こうしてまずまずの健康を維持していられるのは、「医者はこうあらねばならない」という意識をそれほど無理しないで持ち続けられた、幼稚とも言える単純な性格によるのだろうと思う。

　これは年のせいかもしれないが、近ごろ日常のちょっとしたことが、そう言えばあの患者さんは……と、遠い昔の出来事を想起させる契機になることが多くなっている。頭の中には数え切れないほどの多くの患者さんの記憶が小刻みにされて、ぎっしりと内蔵されている。その記憶の一つひとつが、まるでパソコンに取り込まれたデータがキーワード一つで一瞬のうちに引き出されてくるように、何かの拍子に不意に甦ってくることがよくある。

こうして呼び出されてきた小さな記憶が火種になって、さまざまな想念に火がついて頭の中が賑やかになる。そうなると、絶景を目にしたときカメラで撮っておきたくなる気持ちと同様に、その場の感慨を文字として残しておきたくなる。このようにして悠々閑居の身の私の頭にたまたま飛び込んできた雑多な思いを掻き集めたものが本書である。

あつかましいことを言うようだが、私には傘寿を迎えたという自覚がまるでない。高齢であるという自覚はあるにはあるのだが、周囲が思っているよりはるかに若いと自惚《うぬぼ》れている。もちろん、加齢に伴い体のあちこちの部品が多少不具合になってはいるが、そんなことは今すぐ命に関わるものではないと、これまでの医者としての経験からそう判断して、適当にごまかしながら付き合うことにしている。それでも、年をたずねられたり、書類に年齢を記入するときなどでは、もうそんな年になってしまったのかと、いつものことながら軽い衝撃を受けている。

丁寧に生きたいという思いが頭から離れず定着していて、今という時間をいっそう愛おしくさせている。今、何を思い、何を感じているかをできるだけ鮮明に心に刻み込んでおきたいという願望から、ありのままを書きとめておく作業が日課になっている。こうして駄文を気にせずに書くことが多少なりとも老いのサビ止めに役立っていると思うことにしている。

中高年の人に対して、健康維持と認知症予防の心得として、「一読、十笑、百吸、千字、万歩」を生活習慣の中に組み入れることを長年にわたり推奨している。このことは第二章でも触れているが、一読（一日に一度はまとまった文章を読む）、十笑（一日に十回くらいは笑う）、百吸（一日に百回くらいは深呼吸をする）、千字（一日に千字くらいは文字を書く）、万歩（一日に一万歩を目指して歩く）のことである。

この「一読、十笑、百吸、千字、万歩」の生活習慣は「老い」の容《かたち》を整えるのに有用だと信じて心がけている。老いはゆっくりと進んでいるが、生を愉しむ時間はまだたっぷりとある。老いを嘆くばかりではなく、老いた今だからこそ感知できる幸せを自ら創り出すべきではないかと思っている。
本書の出版にあたり、才知あふれるご助言と多大なご指導を賜った河出書房新社の太田美穂氏に深甚なる感謝の意を表します。

平成二十七年十一月吉日

石川恭三

第一章　諦めは心の養生

諦めは心の養生
——ありのままでいいじゃないか

これまでに自分の年を考えて、諦めなくてはならないことはたいてい諦めてきたつもりなのだが、それでもどうやらまだその諦め方が足りなさそうである。自分ではまだ、多少無理をすれば何とかなると思っていることでも、実際にはそう簡単にはいかないことが次々に出てきている。

もうそんなに若いとは言えないくらいの、多分、中年の半ばを少し上回っていると思われる人が軽々と玄関の中まで運んでくれた宅配便なので、私でも居間くらいまでなら運べるだろうと持ち上げてみたが、すぐに無理だとわかって、玄関マットの上に載せて引きずって居間まで運び入れた。無理をすれば持ち上げて運ぶことぐらいはできないことはなかったが、そんなことをすれば血圧は急上昇し、心筋梗塞や脳梗塞を惹起《じゃっき》するかもしれないし、また、腰や膝にも大きな負担になるだろうと（そこは医者らしく）、そう考えて、こんなことで無理することはないと諦めたのだが、正直、ちょっと情けなかった。

またあるとき、書斎の天井の蛍光灯の一つがおかしくなったので取り替えようと椅子の上に乗ったのだが、足元がふらついて落ちそうになったので、諦めて娘に頼んでやってもらった。これと似たようなことが日々あれこれと起きている。情けないことには、加齢に伴う全身の変化が加速度的に進んでいて、ついこの間までは、何の造作もなくやれていたことが一人でするのがおぼつかなくなっている。

無理をすればまだできそうなことでも、年を考えてやるべきではないと、患者さんに注意し、自制もしているのだが、ついこの間、患者さんには決してしてはならないと厳重に注意していることを、愚かにも自らしてしまった。

その日、病院へ行く電車に乗り遅れそうになり、駅の近くでタクシーを降り、そこから駅の階段を駆け上がり、そして、ホームの階段を手すりにつかまりながらだが転げるようにして降りて、辛うじて電車に間に合った。電車に飛び込むようにして乗り込んで席に腰掛けたのだが、そのときは、百メートルを全力疾走した直後のように、息が上がってしまい、心臓が激しく速く拍動していた。

ゆっくりと大きな深呼吸を繰り返しているうちに、五分ほどでようやく落ち着いてきたのだが、愚かなことをしたという後悔で頭が一杯になった。無理をすれば何とかなると咄嗟の判断で行動し、たしかに何とかなったのだが、そこには命に関わる大きなリスクがあったのである。足を滑らせて階段から転げ落ちたかもしれないし、血圧が急上昇し、心拍数も急増したことから、狭心症、心筋梗塞、急性心不全、脳卒中になったかもしれなかった。

このようなことは、若いころなら杞憂にすぎないと一笑に付されるだろうが、今の年齢では充分起こり得ることなのである。私たち高齢者は、無理をすれば何とかなる、と思っても、そんな無理はするべきではないと諦めたほうがいい。

高齢者の中には、長年にわたって、登山、スキー、ダイビング、マラソン、ジョギング、テニスなどのかなりハードな運動を続けている人がいる。その人たちはこれまでそのハードな運動を続けられるほどの良好な健康状態を維持できていたのであり、まさにフィジカルエリートである。

だが、その人たちも決してスーパーマンやスーパーウーマンなどではなく、普通の人間である。当然のことながら、加齢に伴う身体的変化は程度の差こそあれ、私たちと同様に存在している。そして、ハードな運動は慣れているとはいえ、体にとっては大きなストレスになっていることは確かである。

フィジカルエリートといえども、高齢であることを考え、いつまでもこのようなハードな運動を続けられるとは思ってはいないだろうし、すでにトーンダウンしている人もいるだろう。中にはそろそろリタイアしなくてはと思いはじめている人もいるだろうが、今すぐにと思っている人はそれほど多くはいないのではなかろうか。

高齢なフィジカルエリートが、これをかぎりにリタイアすると宣言して参加したマラソン競技で、完走後に心不全で亡くなった。これと似た高齢者の過激な運動に伴う不幸な出来事がときどき新聞で報じられている。過激な運動も株と同じで、「『まだ』は『もう』なり」であり、まだこのまま運動を続けていても大丈夫だと思うときは、もうすでに大丈夫ではないのである。

高齢者は車の運転は諦めたほうがいいと思う。それは、今、高齢ドライバーの事故が急増していて、五分間に一度、年間に十万回以上も起きているからである。万が一、人身事故でも起こしたら、それこそ前途が真っ暗になり、これから先の人生を後悔の念にかられて過ごさなくてはならなくなる。高齢ドライバーはたしかに運転のベテランではあるが、年齢とともに視力、体力、記憶力、判断力、注意力などが低下しているので、交通事故を起こしやすくなっている。

私は七十六歳のとき、町中を運転中にちょっとした接触事故を起こしてしまったのを契機に車を運転しないことにした。すでにそのころには、車で遠出をすることなどしていなくなっていて、ときどき自宅近辺を運転するくらいだったので、運転するのをやめたからといって、寂しいとも不便とも感じなかった。それよりも、これで人を轢くリスクから解放されたという安心感のほうがはるかに大きかった。

そのほかにも、年をとるにつれて、諦めなくてはならないことが増えてきている。病気や健康のために、禁酒、禁煙、ダイエットなどを余儀なくさせられるし、また、社会の中では主役でいることを諦め、その他大勢の中の一人であるという自覚を持たなくてはならなくなっている。主役や脇役ではなく、その他大勢の中の一人であることは惨めでもなんでもなく、しばらくすると気楽で疲れない、ちょうどいい立ち位置であることがわかってくるはずである。ディズニー映画の『アナと雪の女王』のテーマソング、イディナ・メンゼルの歌う『Let It Go』の歌詞の日本語訳を「ありのままで」としているが、なかなかの名訳だと思う。そこで、その“Let it go”を使って“Just let it go. Put the past behind you”（もう、ありのままでいいじゃないか。過去は過去と割りきろうよ）と自分自身に号令をかけて気持ちの整理をするのもスマートである。

私は今は近くの病院で週に二回外来診療を担当している非常勤医師であり、役どころはその他大勢の中の一人である。かつて、大学病院で内科学の主任教授という主役を演じていたときの厳しいストレスと比べれば、今はそれがないに等しく、ベストの環境のもとで患者さんの診療に当たることができている。

「へぼ将棋、王より飛車をかわいがる」の喩えのように、大駒を捨てられないために道が閉ざされたままになっていることはままあることである。私はこれまでに諦めることでぐっと楽になったことを何度も経験している。もうそんなに気張らずに、無理かなと思ったら、「諦めが肝心」と決着をつけてもいいと思っている。まさに諦めは心の養生なのである。

同病同老相憐れむ

――「私たち」の立場から始まる人間関係

類が友を呼ぶように何かを共有している者同士が群れを作るのは自然の成り行きなのだろう。同窓会、同門会、県人会、結婚式、～を祝う会、葬式、通夜、偲ぶ会、断酒会、禁煙会、後援会、学会、研究会などなど、人が集まるところには共有しているものが存在する。こうしたいろいろな場面で多くの人と多少なりともつながりを持つことで、無関心が跋扈《ばっこ》している冷え冷えした社会の中で辛うじてアイデンティティを保つことができるのだと思う。

病院に診察を受けに来ている人は自分の病気のことだけで頭が一杯で、周りの人への関心は薄いに違いない。一人で病院に来ている患者さんはぽつんと待合室に座っていることが多く、隣に座っている人と話を交わすことなどめったにない。それでも同じ外来に通い続けていると、一人、二人と顔見知りができて、挨拶をし合ったり、話しかけられたり、こちらから話したりするようになる。ときには、病気や家族のことなどを話すこともあるだろう。このような触れ合いから、お互いを支え合う、かけがえのない友人になったという話を患者さんから聞いたことがある。

医師は患者さんの苦痛をこれまでの臨床経験や知見から理解はできるが、あくまでも想像の域を出ない。他人《ひと》の苦痛は本人以外、本当のところは誰にもわからない。どのような苦痛なのかを想像はできても、それがどの程度なのかの量的な推測はとうていできるものではない。だが、その苦痛を一度でも経験したことのある人なら、まったく経験のない人より、その苦痛の辛さによりリアルに近づいて同情することはできる。たとえば、こむら返りを経験したことのない人に、それがどれほどの痛みであるかはまず想像できないだろう。だが、私のように、こむら返りの激痛を何度も経験していると、こむら返りに悩んでいる人の話を聞くと、他人事《ひとごと》とは思えなくなる。

今、私が診察している患者さんのほとんどは高齢者である。私も紛れもない高齢者であり、患者さんとは医師という関係に加えて、高齢者という共通項があり、患者さんの愁訴を「たしかにその通りだ」と思いながら診察することが多い。患者さんのほうも、この医者なら自分とそう年も変わらなそうだから、今の自分の苦痛をわかってもらえるかもしれないと思うらしい。そこには同病同老相憐れむの感情が潜在しているのである。

若いころは、目の前の高齢の患者さんに、

「(あなたは) この点に注意してください」

という具合に二人称の「あなた (You)」として話をしていたが、今は、

「私たちはこの点に注意しなくてはなりませんよね」

と一人称複数の「私たち (We)」の立場で話をしている。「あなた」ではなく「私たちは」というスタンスで話をすることで高齢の患者さんたちとの距離が縮まっていることを肌で感じている。

病状が安定している高齢の患者さんのケアは若い医師より高齢の医師のほうが適していると思う。高齢の患者さんと話をしていると、突然、病気とは関係のない、とんでもない方向に話が飛んでしまうことがある。そんなとき、若いころはすぐに話を元に戻す

ように口を挟んだものだが、今はできるだけ患者さんの話に水をささずに耳を傾けるようにしている。話があまりに遠くに行きすぎて戻ってこられなくなっているときや、話の道に迷って困惑しているようなときには、こちらから迎えに行って話を元に戻すようにはしているが、たいていは、患者さん自身がそれと気づいて戻ってくるのを待っているようにしている。

横道にそれて話をしているときの活き活きとした患者さんの顔を見ているとこちらまで楽しくなる。

「それから、どうしたんですか」

「それが驚くじゃありませんか……」

そして話は次第に佳境へと入っていく、という展開になる。そんなとき、自分と同年代の患者さんの気持ちがひしひしと伝わってきて、老いを身近に感じることになる。

「年のせい」ではすまされない
——高齢であることは特権でも何でもない

ジジ、ババと呼ばれるようになったころから、何かにつけてすぐに「年のせい」にして一件落着にしてしまうことが増えてきている。

「そりゃあ、年のせいだよ。そのうちに慣れるよ。それまでの辛抱だよ」

「それも、そうだな」

でも、「年のせい」だけではすまされないことも少なくないのである。

今は高血圧専門外来を担当しているので、患者さんのほとんどが高齢者である。患者さんと話をしていると、「年のせいだとは思うのですが……」と言って、私自身もしばしば感じているようなさまざまな愁訴が口の端からもれてくる。何となく元気が出ない、体を動かすのが大儀、歩くとき足が重く感じる、頭がぼうっとしていて、考えがまとまらない、何かをするのが億劫、人や物の名前がすぐに出てこない、新聞や本を読んでいるとすぐに目が疲れる、腰を少しかがめた姿勢をしていると腰が痛くなる、長く歩いたあと、両方の膝関節が痛くなる、両方の肩がときどき痛くなる、夜中に必ず目が覚め、そのあとよく眠れない、歩いているとき何となくふわふわしている、など実にさまざまだが、おかしなことに嘆いているわりにはそれほど苦にしているようでもない。年のせいだからしかたがないと勝手に決めつけているようにも見える。

たしかに、それぞれの訴えは加齢に伴って生じることが多い症状であるが、それにはいくつか考えられる原因があり、放っておいても大したことにならないこともあれば、すぐにでも適切に対処しないと深刻な事態になりかねないこともある。また、それぞれの原因に対してどのように治療したらいいかは多くの場合明らかになっている。もちろん、中には治療をしてもあまり効果がないこともあるが、改善することも少なくないのである。

腰痛を訴えていた高齢の女性が自分では年のせいと思って我慢していたのが、実は背骨（椎体）の圧迫骨折であった。ちょっと急いで歩いたり、駅の階段を上ったりするときに、動悸や息切れがするようになり、これを年のせいだと思っていたが、軽い心不全状態であることが明らかになった人がいた。

また、物忘れや物覚えが悪くなったのを自分も家族も年のせいだと思っていたのだが、本当は認知症だったという人が何人もいたし、食欲が落ちて体重が少しずつ低下してきたのを年のせいにしていた人が胃癌だったという悲劇もあった。「年のせい」は「臭いものには蓋をする」と同じ発想で、事態を深く考えずに、とりあえず不問に付して処理することであり、根本的な解決にはなっていない。

高齢者の中には、とくに意識してそうしているわけではないのだろうが、高齢であることを自分の都合のいいように利用している人がいる。誰が見てもまだそんなことぐらいは自分でできそうなことを、「もう、年だから」ということで、他人に頼んでしてもらっているのを見かけることがある。どんなに高齢になっても、自分でできることは自分でする心構えは崩したくない。他人の助けを借りなければできないことなら、まずは諦めることを考えるべきである。

自分一人ではできないことで、それが何としても必要なことについてだけ他人の助けを借りるべきなのである。助けを借りた場合には、言うまでもないことだが、分相応のそれなりの代価を支払わなくてはならない。その代価は何も金品に限ったものではなく、心からの感謝の気持ちと言葉も含まれることは言うまでもない。高齢者だから他人から助けてもらって当たり前だとほんの少しでもそう考えているとしたら、それはあまりにも情けないことだと思う。

高齢者は高齢であることが特権でも何でもないことを自覚しなくてはならない。

「ここにおわすお方を何方《どなた》と心得る。怖れ多くも先の副将軍、水戸光圀《みつくに》公にあらせられるぞ。御老公の御前である。頭《ず》が高い。控え居《お》ろう」

と格さんか助さんが葵の御紋の印籠を掲げるのを見て、そこにいる一同が平伏するというあのクライマックスの名場面のように、高齢者であることを高らかに宣言しても、誰も見向きもしないのが現実なのである。

それよりも、これまで長い人生経験を重ねてきた今だからこそ、他人のために何か役に立つことをしたいと考える精神の姿勢が高齢者を輝かせることになるのである。

身体のリフォーム
——外科手術の今後に託する大きな夢

家の近くを歩いていると、あちこちでリフォームをしている家が目につく。近ごろでは家の外装に大がかりな修復を行うような場合には、しっかりとした足場を組み、周囲の家へ粉塵や破片などが飛び散らないように、家の周りを工事用シートでぐるりと取り巻いてしまう。このようなリフォーム中の家は、怪我をした頭が包帯でぐるぐる巻きにされているようで痛々しく見える。あの家ももうそんな時期になるのかなあ、と思ったり、あそこはうちよりずっと古いからしかたがないか、などと納得している。

一戸建ての多い住宅地では、このような光景がよく見かけられる。同じような世代の人が住んできたので、住人の高齢化とともに建物の老朽化も進んでいるのは事実である。

しばらくして、あのぐるぐる巻きのシートが取り払われると、そこに小ざっぱりした姿で照れくさそうに棒立ちしているのが目に入る。そして、その家だけがスポットライトが当たって浮き上がっているようにも見える。そんなきれいになった家を見ていると、他人事《ひとごと》ながらも相当な出費だっただろうなと思ってしまう。

十年以上も前に、我が家も外装を全部修復・補強する工事をした。そして、どうせなら、この際、思いきって内装のリフォームもと、キッチンを新しくし、家の中のあちこちに手を加えた。そのときの費用は大げさに言うと、小さな家を一軒建てられるのではないかと思うほどだった。

キッチンが新しくなったので、そこだけは一新したという感じはしたが、外装がきれいになったとはいえ、住み心地が変わったわけではないし、こまかな内装の変化も私にはどうということはなかった。それでも、外装を修復・補強したことで雨風による建物への被害を軽減させることができたという安心感が持てた。この安心感こそが高価なリフォーム料金を支払って手にしたものである。

外装のリフォームは外傷の手当てに相当しているし、キッチンや浴槽を入れ替えるなどは臓器移植に似ているようにも思える。

この間、浴室をリフォームする羽目になった。そのきっかけは、水道メーターの検針員から、水道使用量が増えたことと、水道を使用していない状態でもメーターが回っていることから漏水している可能性が高いと指摘されたからである。業者に頼んで調査してもらった結果、浴室の下の水道管から漏水していることがわかり、全面的な修復が必要ということになった。漏水の原因は水道管の経年劣化と、それより数ヶ月前の震度四強の地震によるものではないかとのことだった。

いずれにせよ水道管の修理が不可欠だった。これに対しては、姑息的な修理法もあったが、結局は浴室全体を取り壊して、新しい浴室のユニットを入れることになった。まさに大々的な浴室置換手術である。浴室の床のタイルをはがし、天井も周囲の壁も全部取り除き、ぽっかりあいた空間に既製の浴室ユニットをはめ込むのである。

四十年以上も地中に埋められてすっかり錆ついた水道管を一目見て、まさに高度に硬化した動脈のようだと思った。その水道管の一部に裂け目ができて、そこから水がもれていたわけなので、まさに脳出血か大動脈瘤破裂のような大事件が起きはじめていたことになる。

　この修復にはさぞかし時間がかかると思ったが一週間で終了した。古びた家の中で浴室だけがぴかぴかの新品で、自分だけは別格だとばかりに威張っているようにも感じられるが、一方では、新しいエネルギーを供給してくれているようにも思える。これは外出するとき、身に着けるものの一つだけでも、たとえば、靴だけを新品にしてそのほかはいつものままでも、靴の真新しさで心が華やぎ、気分が明るくなるのに似ている。

　家の中の何か一つ、たとえば居間のクーラーの調子が悪くなって新しいものに換えてしばらくすると、今度は別の部屋のクーラーや冷蔵庫や電気掃除機などが次々に具合が悪くなってくる。電化製品はどれも十年使うとガタがくるといわれているので、同じころに購入した電化製品はほぼ同じころに駄目になるのであろう。

　人の体もこれと同じで、高齢になると、体のあちこちで不具合が次から次に起きてくる。加齢に伴って、細胞、組織、臓器などすべてが老化していく。その程度が人によって多少の違いはあるが、例外なく誰でも老化していくのである。そして、高齢者によく見られるさまざまな症状や徴候が今はなくても、いずれは出てくるものと思っていたほうがいい。

家のリフォームと同じように、人の体にもいろいろなリフォームが行われている。あらゆる外科手術は一種のリフォームと言えるだろう。目に見えるものでは、人工関節、人工乳房、切断された下肢や上肢に替わる装具の装着、種々の美容・形成術、入れ歯、インプラントなどがある。今すぐにとはいかないが、それほど遠くない将来において、病気や事故で体の機能を失ったとしても、ｉＰＳ細胞（人工多能性幹細胞）を作製し、それを神経や筋肉、心臓などの細胞に成長させて移植をすれば健康な状態に戻ることも可能になるだろう。ｉＰＳ細胞による体のリフォームには大きな夢を託せそうな気がする。

兎か亀か
――「遅い」ことがきわめて重要なこともある

一気呵成《いっきかせい》に仕事を仕上げるという能力には恵まれていない。そのため、学生時代に一夜漬けの勉強をして満足のいく成績だったことはまずなかったし、医者になってからは、短期間に論文を書いたことも本を書き上げたこともない。何をするにも人の何倍もの時間がかかるのである。そのことを若いころからはっきり自覚していたので、充分に時間の余裕がある計画のもとで、スローペースだが、休まずに、着実に仕事を進めていくというのが私のやり方になっている。一日に原稿用紙一枚書けば、一年に三百六十五枚になり、通常の本の一冊分になると考えて書いてきた。見かけはせっかちに見えるらしいのだが、実際はスローな人間なのである。

仕事が速い、行動が速い、頭の回転が速い、覚えが速いなど、速い（ファスト）というイメージは明るく輝いているが、それと反対に、仕事が遅い、行動が遅い、頭の回転が遅い、覚えが遅いなど、遅い（スロー）というイメージは暗くくすんでいる。

たしかに、今はスピードの速いことが幅を利かせている時代である。百メートル競走で十秒の壁を破るかどうかでしのぎを削っているし、超伝導磁気浮上式リニアモーターによる中央新幹線では東京─名古屋間の所要時間が四十分、東京─大阪間が六十七分になるという超高速が注目を浴びている。役所や銀行や病院などの窓口業務は速ければ速いに越したことはない。

だが、速ければそれでいいというわけにはいかないことがいくらもある。いやそれどころか、「遅い」ことが重要であることも少なくない。そのいい例が病院での診療である。診察する時間を速くすることで、患者さんの待ち時間を短縮することはできるが、病状の把握が不充分になり、それにより不適切な治療になる可能性は充分にある。一人の患者さんをゆっくりと時間をかけて診察することで病気の治療だけではなく病人をケアすることにもなる。しかし、現実には決められた時間内に多くの患者さんを診察しなくてはならず、診察の速度を遅くするわけにもいかない。だが、手は緩めずに、ゆったりとした気持ちで診察することで、時間の不足分を埋めることができると思っている。大切なのは心の中の「スロー」の姿勢である。

薬は一日三回、食後か食間に服用するのが当たり前のように考えられていたが、三回きちんと服用するのが面倒くさかったり、飲み忘れることもよくあることから、今では多くの疾患の治療薬に、一日一回ですむ遅効性の薬が広く使われている。

現在使われている高血圧の薬の多くは、一日一回服用するものである。服用した薬が徐々に吸収され一日中降圧効果が発揮されるように調剤されている。かつては、一日に二回ないしは三回服用しなければ一日を通して安定した降圧効果が得られなかったが、今ではゆっくりと吸収されるような徐放性の薬剤が開発され、一日一回の服用が一般的になっている。

鎮痛薬にも頭痛、歯痛、生理痛のような急性の疼痛に用いられる即効性の薬もあれば、腰痛、膝・肩・肘などの関節痛のような慢性の痛みに用いられる長期間鎮痛効果が保たれる遅効性の薬もある。また、狭心症発作のときに使うニトログリセリンは口腔内で溶かし数秒間で効果が発揮する即効性の特効薬だが、その効果を長時間ゆっくりと持続させる徐放性のニトログリセリン製剤も用いられている。このように薬効の「遅い」ことを生かした薬がいろいろと開発されているのである。

ストレスをできるだけ受けないように時間をゆっくりと使うスロー人間もいれば、ストレスの真っ只中に身を置いて、時間に追い立てられるように、仕事を求めて驀進《ばくしん》しているファスト人間もいる。そのどちらがいいかは人により、また、立場によって違うので一概には言えないが、多くの疫学調査からも、循環器を専門にしている医者の臨床経験からも、スロー人間のほうが心筋梗塞、狭心症、高血圧、脳卒中などの心臓・血管系の病気に罹患するリスクがはるかに少ないと断言できる。

多様で新鮮な食材とその持ち味を尊重し、栄養バランスに優れた健康的な食生活を目指し、自然の美しさや季節の移ろいを表現し、しかも、年中行事との密接な関わりを持つという四つの特徴がある和食がユネスコ無形文化遺産に登録された。和食は時間を充分にかけて調理したスローフードである。このスローフードの和食が世界的に高く評価された意義はきわめて大きい。

ファストフードは短時間で調理、あるいは注文してからすぐ食べられるので便利ではあるが、高カロリー、高脂肪、ビタミン・ミネラル・食物繊維の不足などの栄養バランスが悪いものが多く、健康的な食事とは言えない。また、早食いは肥満の原因になり、その先には糖尿病が手ぐすね引いて待っている。よく嚙んでゆっくり食べることで過食を防ぎ、肥満を防止することができる。

このように多くの分野で「遅い、スロー」の価値が見直されるようになってきている。「せまい日本、そんなに急いでどこへ行く」という交通標語があったが、これは今の私たちの生活にも当てはまるのではないだろうか。そんなことを考えていると、ふと、「急《せ》いてはことを仕損じる」「急がば回れ」「石橋を叩いて渡る」といった諺が頭に浮かんできた。たしかに、高齢者にはスローな生活が似合っている。

何とかなる

——常に最悪の事態を考える

　厄介な出来事に直面して、その対策に思いあぐねても、たいていの場合、最終的には何とかなるものである。だが、問題はどのような「何とかになるか」である。何とかなった結果の評価は自分と他人とでは必ずしも同じではない。自分ではまあ、こんなところで決着がついてよかったと思っても、周囲からはどうしてそんなことになってしまったのかと、冷ややかな目が注がれることもあるだろう。

　直面する問題の軽重で何とかなると考える気構えは当然違ってくる。重大事に対しては、人事を尽くして天命を待つ境地で最後の最後に何とかなると覚悟することになるだろうし、日常茶飯事に対しては、初めから成り行きまかせにして、何とかなると気楽に考える。しかし、当たり前のことだが、いつも許容範囲内で何とかなるとはかぎらない。

浮気がばれて夫婦喧嘩になったが今度も平謝りの構えでいれば何とかなるだろうと甘く見ていたのが、そうはいかずに妻から離婚届をつきつけられ、最終的に離婚になった男性がいた。また、何とかなるだろうとその場しのぎで借金を繰り返しているうちに、にっちもさっちもいかなくなり、ついに自己破産に追い込まれたというケースは今ではそうめずらしいことではない。

こんな学生がいた。講義の出席率が悪く、試験はいつも追試、再試で低空飛行を続け、これ以上留年できないところまできて、それでもようやく最終学年にまでたどり着いた。この学生は能力がないというのではなく、根っからの楽天家で、「何とかなるさ」が口癖だったようだ。

卒業試験に際しては、親からも友人からも今度こそ真剣に勉強しないと卒業できないどころか、退学になるかもしれないと言われていた。卒業試験でも追試、再試の科目がいくつもあり、主要科目の一つをクリアできず、それにこれまでの出席率が大幅に規定を下回っていたこともあって、最悪の退学処分の決定が下った。この期に及んでも、その学生の頭には、これまで通りに何とかなるという思いがあったのかもしれないが、ついに何とかならないことになってしまった。

離婚の憂き目にあった男性も、自己破産に追い込まれた人も、退学させられた学生も、「何とかなる」を繰り返していれば、最後には何とかならなくなるという、ごく当たり前のことの認識が欠如していたのであろう。

私は小心者なので初めてのことに手をつける際には、何とかなると気楽に考えて見切り発車するようなことができない。まず第一に、何とかならない最悪の事態が頭に浮かんできて、そうなったらどうしたらいいのかを考えてしまう。そして、最悪の事態になっても、何とか対処できると覚悟ができてから歩を前へ進めることにしている。

患者さんの中には体の不調を認めても、そのうち何とかなると軽く受け止めてそのままにしている人が少なくない。とくに高齢者では、多少は気になるが大騒ぎするほどのことでもない体の不具合は日常茶飯事と言ってもいいくらいある。そのような不具合の多くは、言うなれば加齢に伴う良性の変化なので、保存的な対処で何とかなることがほとんどである。

だが、中にはちょっとした不具合が実は何とかならない事態の初発症状であることがある。ただの風邪だと思っていたのが肺炎であったり、普通のホクロとして見ていたものが悪性の黒色腫（メラノーマ）であったり、いつもの胸焼けと思っていたのが狭心症であったり、また、気にもしていなかった乳房の小さなしこりが癌であったというようなことに外来診療の場でときどき遭遇する。そのような場合でも、早期に発見され、早期に適切な治療が行われれば、何とかなる確率は高い。

慢性疾患に対しては、治療を続けていけばそのうち何とかなるだろうという目論見《もくろみ》を立てるが、急性疾患ではそんな悠長なことをしておられず、何とかなるではなく何とかする決意で治療に当たることになる。

定年退職して十余年が過ぎた今は、そのうち何とかなるだろうと思うことばかりで、今すぐ何とかしなくてはならないことなどまるでない。こんなぐうたらな生活がまんざらでもないと思っている私に向かって、働き者の友人が「忙しい！」を連発しながらの忠告の矢を放つのである。

「ぬるま湯につかって、うとうとしているうちに、ぶくぶくっと沈んで溺死することがあるそうじゃないか。今の君の生活はまるでそれに似ているよ。そんな隠居生活から早く抜け出てこいよ」

友人も私も隠居してもいい年齢をとっくに通り過ぎている。私が普通で友人が異常なのだと言い返しても無駄だとわかっているので、いつものように黙って忠告を聞いている振りをしておいた。それにしても、同い年の友人はどうしてこうも元気なのだろうかと、いつも不思議に思うのである。

無駄の功罪
――ゆとりが心の平穏の土台

無駄かどうかを最終的に決めるのは自分であって他人ではない。他人《ひと》が無駄なことだと判断しても、自分では必ずしもそうだと思わないことはいくらもある。

無駄働きだとみる人も、人助けになったとみる人もいる、無駄口を叩いたと非難する人も、有益な話だったと評価する人もいる、無駄遣いと言う人も、そうではないと言う人もいる。無駄かどうかはある基準を満たしているかどうかで決まるものであり、その基準は人によって異なるので意見が分かれても致し方ないことである。

ある美術展示会で一つの広い部屋の真ん中に、一見して何だかよくわからないような古木を使ったオブジェがぽつんと置かれていた。その部屋には他の展示物は何もなく、ただそのオブジェだけしかなかった。私にはこの広いスペースが無駄な空間に思えたが、そのオブジェの作者には、この広い空間が無駄どころかきわめて重要な意味があるのだろうと想像はできたが、理解はできなかった。

本の表紙を開くと、その一ページ目は何も印刷されていない白紙のことがある。それはフライリーフと言われるもので、本に絶対に必要なページではなく、無駄と言えば無駄なページなのだが、そこにはちょっとした遊び心が垣間見られて、悪い気がしない。だが、最近の本では、そんな無駄なページはいらないとしてなのか、フライリーフがない本が多くなってきているようで、いささか物足りなさを感じる。

無駄が多すぎると気になって不安になることもあるが、無駄がまったくないとなると窮屈な感じがして落ち着かなくなる。マンションは限られた空間を最大限に能率よく利用することに主力が置かれているので、無駄と思えるスペースがきわめて少ない。その無駄なスペースの少ない限られた空間をいかに快適に過ごせるかに最新の設備や工夫が施されている。たしかに、マンションは無駄な動きが少ない効率的な生活をするには適している。

一方、昔風の日本家屋には、玄関から居間までの長い廊下、めったに使わない客間、使わなくなっている子供部屋、書斎、庭、家の周辺の空き地など、傍目からは無駄と思われるようなスペースが各所に散在している。このようなスペースが無駄なのかどうかの考えもそこにはない。子供たちのマンションを訪ねるなどしたときに感じることは、少ない動きで用が足せるし、段差は少ないし、空調が整っていて、どこも温度は一定しているし、庭の手入れもいらないし、ごみ出しも簡単だし、外出するのも鍵一つかければそれですむし、セキュリティー面でも安心であり、高齢者が生活するにはさぞかし便利だろうと思う。

だが、そこには便利さと引き換えに、無駄の最大の持ち味である「ゆとり」が抜き取られているように感じられる。高齢者の生活にはこの「ゆとり」が心の平穏の土台になっているのである。決して効率的とは言えない、無駄なスペースがあちこちにある古い日本家屋に、私はこの先も当分はこのままで過ごそうと思っている。

洋服にしても無駄なスペースのない体にぴたっとフィットしたのを好む人がいれば、私のように少し緩めのふわっとしたものを好む人もいるだろうし、さらにもっとゆったりとしただぶだぶなのがいいという人もいよう。

ヒートテックという下着は肌にぴったり密着していて、たしかに温かなのだが私には向いていない。私は肌の一部を少し強く締めつけるもの、たとえば足首の部分のゴムがきつい靴下を身に着けると、その部分がミミズ腫れのようになり、しばらくは痒くて往生する。ヒートテックのロングパンツも下肢を圧迫するせいか、ミミズ腫れにはならないが痒みが出てくる。やはりゆるゆるの下着のほうが私には向いているようだ。

無駄と向き合う姿勢で生活の勢いに大きな違いが出てくる。

「どうせ頑張っても無駄だよ」

と大した努力もしないうちに諦めてしまう人には覇気が感じられない。頑張っても報われないことが多かったせいで、すぐにそんな弱気な気持ちになってしまうのかもしれない。

だが私たちは、努力をしてそれなりに報われることなどむしろ稀《まれ》であることくらいはとっくに知悉《ちしつ》しているはずである。それに、無駄かどうかは本当のところやってみないとわからないし、仮に無駄だったとしても、どうして無駄になったのかを知ることで、次のステップへつなげることができる。
そう考えれば、まるっきり無駄ということなどないということになる。

人情

――和顔愛語をもって身近な人々に接する

凍えそうな寒さの中で差し出された温かい白湯《さゆ》を口にしたときのように、苦境の最中《さなか》に受けた温情は体の隅々にまで染み渡り、生涯にわたって記憶として残る。盛んなる時期には人は自然と集まってきて賑やかにもり立ててくれるが、不遇が度重なり悲惨な状況に陥ると、終演と同時に劇場から観客があわただしく消えていくように周りから人は離れていく。そんな苦境の中にあっても、そばにいてくれる人が一人でもいれば、その人は幸運な人である。

相手の立場に立って考えようとしても、その人と同じ考えになることなど土台、無理に決まっている。だが、もし自分ならどうしてほしいか、どうしてほしくないか、という判断くらいならできるはずである。もちろん、その場合でも、それはあくまでも自分の願望であって、相手の望んでいることと同じではないかもしれないという認識がなくてはならない。

医者は患者さんの悩みと真正面から向き合い、患者さんにとってベストと思われる解決法を考えて治療するのが仕事である。これはごく当たり前のことなのだが、現実には、何を基準にして、患者さんにとってベストな治療法なのかを判断するのに悩むことがある。医学的にはベストな治療法であっても、患者さんにとっては必ずしもベストでないこともある。

これは以前にも何度か書いていることだが、ずっと昔のある晩秋に、高齢の心不全の患者さんから故郷の山川を見てきたいと相談されたとき、年が明けて暖かくなってからにしたほうがいいと話をし、患者さんは私の助言に従って帰郷を諦めた。だが、その患者さんは春を待たずに亡くなってしまった。患者さんから相談されたときは、病状も比較的安定していて、充分に注意をすれば帰郷できない状況ではなかったのに、万が一のことを考えてノーの返答を出してしまったのである。その判断は医学的にはベストな対応と思ったのだが、患者さんにとってはベストどころか最悪だった。患者さんが故郷の山川に別れの挨拶をしたいという気持ちで帰郷を希望していたのに、その人情の機微に触れることなく無視してしまったのである。

この苦い経験を教訓として、医学生には講義中に、研修医や若い医局員には病棟回診の折に何度となくこの話をして、医者は病気ではなく病人を治療していることを肝に銘じなくてはならないと伝えることにしていた。

親子で医院を経営しているところでは、父親（母親）の医師を「大先生《おお》」、息子（娘）の医師を「若先生《わか》」と患者さんから呼ばれることがある。大先生と若先生が同じ日に別々に診察しているところも、また、午前と午後と分けたり、曜日を決めたりして、重ならないようにしているところもある。若い人はてきぱきと効率よく診察してくれるクールな若先生を好み、高齢者は自分と同じ身体的な悩みを持ち、ゆっくりと話を聞いてくれる人情味あふれる大先生を頼りにする傾向がある。そんな光景が今でもあちこちで見られているのを耳にすると、何だかほっとする気分になる。

高齢者は自分がこれまで、人からどのようなことをされたら嫌な思いをしたか、うれしかったか、救われた気持ちになったかなど、数え切れないほどのさまざまな経験をしてきたはずである。だからこそ高齢者は今その経験を生かして、人の情けがわかる人間として、若者に範を示す思いで端然と振る舞うべきだと思う。

私が座右の銘の一つとしている言葉に、「和顔愛語」がある。この言葉は、和やかな顔で慈しみのある優しい言葉で人と接することの大切さを説いた仏教の教えの一つである。内心はどうあろうと、和やかな顔をするように心がけていると、次第に心も和やかになってくる。そして、そんな和やかな顔につられて、周囲の人たちも和やかな顔になってくるから不思議である。そこでさらに慈しみのある優しい言葉が口から出ると、その場の雰囲気がぱっと明るくなる。心のこもった言葉はそれがどんなに短くとも心の琴線に触れ、人に感動を与えるものである。

これはたった三文字の言葉が心の芯にまで染み渡るほどの感動を与えた話である。

一九五六年十一月に日本初の南極観測隊が派遣された。第一次観測隊の使命は基地を作り、観測や調査の環境を整えることで、そこには南極で冬を越せるかどうかの決死の実験の意味も込められていたのだろう。命の保障などなく、隊員のほとんどが出発前に遺書を書いたという。十一人の越冬隊が残され、その中に元海軍軍人の大塚正雄さんがいた。隊員は気温や湿度や生物などのあらゆる情報を毎日日本に送るのだが、南極と日本をつないでいるのはモールス信号による電報だけだった。

昭和基地に新年が訪れ、家族からの年賀状がモールス信号で届いた。モールス信号はあくまでも公的機関なので、家族からの電報は短くしなくてはならなかった。そんな短い電報でも極寒の地に閉じ込められた隊員をどれだけ歓喜させたかわからない。お互いの電報を見せ合って感動を共に味わったに違いない。

その中でもとくに感動的だったのは大塚正雄さんの夫人、恒子さんからのものだった。それは「アナタ」の三文字だった。その三文字には妻の胸中にある、さまざまな思いが込められていたのであろう。この「アナタ」の三文字の電報を見た隊員たちの間からどよめきが起きたそうだ。

もうこの年齢になると、建設的な仕事で社会に貢献できることがきわめて限られたものになってしまったが、和顔愛語をもって、身近にいる人たちの心にいささかなりとも温もりを伝えることは今でもできると思っている。

「ありがとう」のシャワー
——感謝の気持ちを添え、魂の姿勢を整える

私たちは毎日、サービスする人、される人の両方をその折々の状況の下で演じている。通勤中は電車、バスなどの交通機関で働いている人たちのサービスを受け、仕事ではクライアントにサービスを提供する。もっとこまかく見ていけば、サービスをしたり、されたりという場面がそれこそ数え切れないほどあるのに、ただそれと気づいていないだけなのである。

医療も当然のことだがサービス業である。医療サービスをクライアントの患者さんに提供し、それを買ってもらって利益を得ているのであり、医療は明らかにビジネスなのである。したがって、医師や看護師をはじめ、検査技師、理学療法士、事務員など医療

機関で働いているすべての人は、レストランのウェイターやウェイトレスと同様にサービスを提供して給料が支給されている従業員である。まず、そのことを明確に認識して、常に質の高いサービスを提供する努力を怠らないようにするべきである。このことを医学生や研修医に講義や回診の折々に話をしてきて、次第に手ごたえを感じるようになってきたという認識とその記憶がある。

まだ医者になって何年も経っていないころ、大学の医局から週に一度、外来診療に派遣された病院は、「医療はサービスなり」の最先端を行っていて、芸能人がよく検査入院していたこともあって、何度も週刊誌に取り上げられていた。医師は、当時はまだめずらしかった詰襟、半そでのベン・ケーシースタイルの白衣で、看護師はピンク衣を着ていた。そして、きれいに化粧をし、マニキュアをしていた。病院の食堂は高級レストラン風であり、ゴージャスな大浴室もあり、受付嬢は超美人で、一時はドアボーイがいたときもあった。

今でもそこまで徹底したサービスをする病院は少ないだろうが、患者さんへのサービスを重視する病院やクリニックは着実に増えてきている。とくに、人間ドックを中心にしている医療機関では高級ホテルと見まがうようなゴージャスな施設で、それに伴うサービスも費用も並ではないところがある。

教師は教育を提供するサービスマン（ウーマン）だと思っている。私は講義中に居眠りをしている学生がいると、その学生のところへ行って肩を叩いて起こして、よくこんなことを言ったものである。

「君を居眠りさせるような講義をしたことは本当に申し訳ない。君の親御さんは学校へ高い授業料を支払って君の教育を私たち教師に委ねているのに、私が君を眠らせてしまったことは契約違反にもなる。その埋め合わせのために、ほかの学生諸君には復習をかねて我慢して聴いてもらうことにして、これからの五分間は君だけにこれまでの講義のエッセンスを話すことにする」

そして、その学生を一番前の席に移して、五分間みっちりと話をするのである。もちろん、それは教室全体に漂っている眠気を覚ますためのサービスであり、ひとつのショーと心得て、面白おかしく演じたのである。張本人の居眠り学生もそれを納得して、恥ずかしがりながらも、しおらしく言われた通りにしていた。面白いことに、このような五分間の特訓を受けた学生が、卒業後私の内科に何人も入局してきた。

サービスはするほうもされるほうにもその根底に「感謝」の気持ちがあると、そこには芳《かんば》しい良識の香りがしてくる。「サービスをしてやるのではなく、させていただく」のであり、また、「サービスさせてやるのではなく、していただく」のである。このような気持ちがあれば、自然と「ありがとう」という言葉が出てくるものである。大したことをしたつもりがないのに、「ありがとう」と言われれば、悪い気持ちはしない。

若いころ、二年ほどアメリカに留学したことがある。アメリカに着いてすぐから、「サンキュー」のシャワーを浴びることになった。ほんのちょっとしたことをしてもすぐに、「サンキュー」が返ってくる。それも同僚からばかりではなく、年配者やボスからも頻繁に言われるのである。

このように毎日頻回に「サンキュー」を言われていると、こちらも「サンキュー」を言わないことが不自然に思えるようになり、やがてごく自然に「サンキュー」が口をついて出てくるようになり、それがすっかり身について今日に至っている。

私たちはそれと気づいていないことが多いのだが、いろいろなサービスを受け、サービスをしているのである。そのことをしっかりと認識して、それに感謝の気持ちを添えるようにすれば魂の姿勢が整然となるのではないかと思う。

第二章　動く人には福来る

動く人には福来る

――生活不活発病にならないために

私は蜂のようにこまめに体を動かす人間ではないが、そうかといって床の間の置物のように体を動かさないタイプではない。でも、蜂に近いか置物に近いかとなると、間違いなく置物に近いことは確かである。直截に言えば、恥ずかしながら私はものぐさな人間である。

定年退職後は俄然、悠々自宅で過ごすことが多くなり、週に二日、それも午後だけ医者になってはいるが、そのほかの膨大な空き時間では、何としてでもこれだけはやらなくてはならないという類《たぐい》の仕事がない。そうなると、ものぐさな私は、与謝蕪村の句、「春の海、ひねもすのたりのたりかな」の向こうを張って、「我が書斎、ひねもすのたりのたりかな」とばかりに、狭い書斎の中で置物に近い存在になって、我が世の春を愉しむことになる。

そんな私の生活ぶりを知ってか知らずか、口の悪い、今でも週に五日も働いている勤勉な友人たちは、そのうち尻から根が生えてくるんじゃないかと揶揄《やゆ》することしきりなのだが、私だって尻から根が出るほどじっとしているわけではない。週に二回は近くのスポーツジムに出かけて、筋力トレーニングとスイミングをしているし、ごくたまにではあるが自宅でウォーキングマシーンで運動することもある。もともとものぐさで運動は苦手なのだが、不活発な生活をすることの弊害は長年の臨床を介して知っているので、週に二回のスポーツジム通いで生活不活発病にならないための最低限の運動量はこなしているつもりである。

生活不活発病とはあまり聞きなれない用語かもしれないが、以前は廃用症候群という医学用語が一般的だった。この廃用症候群という用語はわかりづらい上に、この中の「廃」という字から「廃業」「廃人」「廃棄物」などが連想され、当事者に不快感を与えるという懸念から、今日では語呂が悪いが「生活不活発病」という用語が使われるようになっている。どんな機械でも使わないまま長い間放置しておくと、いざ使おうとしてもうまく作動しないことがあるのと同様に、体も使わない機能は衰え、その結果、さまざまな障害が惹起される。

骨折や捻挫などで、長期間ギプスで固定されて動きが制限されると、ギプスがとれたあとの当該部の機能が衰え、関節が硬くなり、円滑に動かなくなったり、周辺の筋肉が萎縮して運動に支障をきたすことはよく知られている。

「もう年だから」「病気だから」と言って、やろうと思えばできることもしないで、家に引きこもってばかりでいると、そのうちに思いもしなかったような、筋力の低下、心肺機能の低下による疲れやすさ、起立性低血圧、消化器機能の低下による食欲不振、便秘、うつ状態、知的活動の低下、周囲への無関心など、さまざまな体調不良の症状が出始めてくる。これが生活不活発病なのである。

病気で身体活動が一時的に制限され、それが原因で生活不活発病へと進展していくケースが多いが、それ以外に、「一人暮らしになる」「退職」「転居」「災害」などが契機になって活動の場に参加することが減少し、その結果、生活不活発病へと押し流されてしまうケースもある。

私は生活不活発病になる素因があることを充分認識しているので、定年退職してからは、せめて週に二回はスポーツジムで体を動かすことを自分に課すことにした。スポーツジムへ着いてしまえば、体育会系の若いスタッフたちが元気な声をかけてくれるし、顔見知りのほぼ同年輩の人たちが笑顔で迎えてくれるので、来てよかったという気にはなる。

だが、行くと決心するまでに多少時間がかかる。運動がとくに好きというわけではなく、健康のためと自分に言い聞かせて無理しているところが多分にあるので、行く気になるまでに心の中でひと悶着がある。そんなとき、生活不活発病の怖さを考えて決心するのだが、ふと〝A rolling stone gathers no moss〟(転がる石に苔むさず)という諺が頭に浮かんでくることがよくある。

〝A rolling stone gathers no moss〟という諺にはイギリスとアメリカとでは解釈に違いがある。イギリスでは日本と同様に、苔は必ずしも嫌なものではなく、長く継続する象徴ともみなされている。「転がる石には苔がむさない」ということを、コロコロ変わるような人や現象は好ましくないととらえている。人についていうと、腰が落ち着かず、一箇所に落ち着かない者は大成しないし、信用できないと受け止められている。

一方、アメリカでは、苔は汚くて好ましいものではないという考えのもとで、転がる石には苔がつかないので、いつまでも新鮮で変化に富んでいるとプラスのイメージでとらえている。この諺の解釈からわかることは、アメリカでは、変化すること、動くこと、活動的なことに価値を見出す傾向にあるのに対して、イギリスや日本では、じっと動かないで耐えて待つことを重視しているようである。

回りくどい話になってしまったが、私たち高齢者は“A rolling stone gathers no moss”をアメリカ流に解釈して、日常生活の中では体をこまめに動かすようにし、生活不活発病という苔が身につかないようにすべきだと思う。

情けない話
――「一読、十笑、百吸、千字、万歩」で気力を取り戻す

　近ごろは体のいろいろな場所のパーツが不具合になり、ついこの間まではこんなではなかったのに、と情けなくなってくることが日常化している。それが年のせいだと頭ではわかってはいても、重い物を持ったせいだとか、運動をしすぎたせいだとか、体をひねったせいだとか、忙しすぎたせいだとか、何だかんだと御託《ごたく》を並べて、年のせいだと素直に認めたくない意地がくすぶっている。

　とはいえ、日に何度かは、ああ、年をとったなあ、と情けなくなることがある。病院の廊下を歩くときには、背筋をまっすぐ伸ばして、ほどよいスピードでふらつかないように歩かなくてはならないという意識がある。それは普段、人目がないところを歩いて

いるときには、多分猫背になっていて、足元がおぼつかなく、よたよたと歩いているのではないかという不安があるからである。

若いころは駅の雑踏の中を、サムソナイトの大きくて重いスーツケースを提げて、人と人の間をすいすいと通り抜けたものだが、情けないことには、今はもうそんな俊敏な動きなどできるはずもなく、人の流れに身をまかせるより術《すべ》がないと諦めている。

もう三十年ほど、近くのスポーツジムに週二回を原則にして通い続けている。ずうっとエアロビクスを中心にしていたが、両膝に負担がかかり軽度ながら痛みが生じるようになったことから、今は筋トレとスイミングに切り替えている。エアロビクスはパンチのきいた強烈なリズムに乗って、体を躍動的に動かす運動なので、途中苦しいと感じることがあっても楽しいし、それに終わったあとの爽快感は、他人はいざ知らず、私にとってはほかのことではとうてい味わえないものである。それなのに、今の私は情けないことに、エアロビクスの様子をスタジオのガラス越しに見ながら、面白くも何ともない筋トレを黙々としているのである。

また、スイミングをしているといってもそれは自己流の平泳ぎで、二十五メートルをのんびりと泳いでプールの端にたどり着き、そこで一息ついてからまた泳ぐといった体たらくである。隣のレーンは二十五メートル以上休まずに泳ぐ人の専用レーンで、私と同じくらいの年齢とおぼしき人たちが見事な泳ぎで水しぶきを上げている。

そんなとき、ふと、学生時代の体育会の水泳競技会での珍事が頭に浮かんできておかしくなる。それは競技会の最後のプログラムとして、すべての運動部から選手が出てのリレーだった。私は医学部の柔道部に所属していて、その日はどういうわけか私が代表として一人で参加していた。医学部柔道部も競技会に参加しているという意思表示をするために参観するのが目的であり、競技そのものに加わることなど考えてもいなかった。

ところが突然、柔道部の選手として医学部からも一人リレーに出てほしいと言われたのである。泳げる者が来ていないからと即座に断ったのだが、大会本部から医学部も参加するようにと強い要請があるのでぜひ出てほしいということになり、結局、出場する羽目になった。六人の選手のうちの何番目に泳いだのかはっきりとは覚えていないが、多分、三番目か四番目だったと思う。

もちろん他の選手はみんなクロールだったが、私はクロールができなかったので、しかたなしに「のし泳ぎ」で泳いだ。この「のし泳ぎ」は古式泳法の一つだが、スピードはクロールと比べれば兎と亀に匹敵するくらいに遅い。すべてのレーンではクロールで激しく水しぶきを上げて泳いでいるのに、私だけが水音も立てずにのんびりと「のし泳ぎ」をしたのである。観戦している人の間で、笑いの渦が巻き起こったであろうことは想像に難くない。もちろん、柔道部が最下位になった。

近ごろ、情けないことには、何かしようという気力が俄然衰えてきた。今さらそんなことをしてもどうしようもないとか、もうそんなことはできそうにないとか、いずれそのうちに、などとすっかり怠け癖がついてしまったように感じられる。それでもときどきは、こんなことではいけないと気を引き立てようとするのだが、結局、しばらくは何もしないでこのままでいたらどうかという怠惰の甘い誘いに乗ってしまうのである。

この気力の衰えにつられて、物忘れが増し、さらには、理解力も低下してきたようにさえ感じられるようになった。さすがにここまでになると、感度の悪い私の脳信号も黄から赤に変わって、滞りがちになっている「一読、十笑、百吸、千字、万歩」を強化せよと大号令を発してくる。「まえがき」に記した通り、一読とは一日一回はまとまった文章を読むこと、十笑とは一日に十回は笑うこと、百吸とは一日に百回は深呼吸すること、千字とは一日に千字を書くこと、そして、万歩とは一日に一万歩くらいは歩くことで、これは高齢者の生活習慣の改善のために私がもう三十年以上も前から提唱していることである。

大脳からのこの大号令を受けて、何はともあれ、気合をいれなおして、「一読、十笑、百吸、千字、万歩」を実行することにした。するとどうだろう、不思議なことに、体の張りが少しずつ甦ってくるように感じられてきたのである。どうやらこれでひとまず「やる気」を取り戻せそうである。

入院を愉しむ
——今までとは違った自分に遭遇する

二十年ほど前に書いた『入院を愉しむ本　ジョイフル患者学』（集英社文庫）の「まえがき」にこんなことを記した。

「ときどき、こんなことを想像する。一流ホテルのなかに診療所があって、客室は病室としても使える。患者さんはホテルに泊っていて、歩ける人は診療所まで通い、具合の悪い人は往診してもらう。食事は医師の指示により、コックさんにつくってもらう。ルームサービスでも、食堂で食べてもいい。ツインベッドの部屋をとれば、家族の者がベッドをならべて付き添うこともできる。気分転換に部屋を替えてもらうのもいい。ときには奮発して、スイート・ルームに泊るという手もある。マッサージを頼むこともできるし、見舞いにきてくれた人と、いっしょにレストランで食事をするのも愉しい。こんな入院生活ができたら、どんなに快適だろう。」

しかし、現実にはさまざまな法的な制約があるだろうし、医療側からも実施が難しいだろうとは思う。だがここで、しかたがないから我慢するというのではなく、それなら今の状況下の入院で、少しでも快適に過ごせるようにするにはどうしたらいいのかを考えたらどうだろうか。ひと口に入院といっても、人間ドックのような場合から、生死の境を彷徨《さまよ》うような状況下での入院までさまざまであり、それに伴う入院生活もそれぞれの場合で大きく異なってくる。

だが、どのような形での入院にしろ、少しでも快適な生活が送れるよう、本人はもとより、周りの人たちも努力をしたほうがいい。ここでは『入院を愉しむ本　ジョイフル患者学』の中からいくつかのポイントをピックアップして述べてみることにする。

最近の病院では病室はどこもかなり清潔できれいになったが、それでも自分の家のようにとまではいかないだろう。病室は特別室でもない限り、昔の木賃宿のようなものですよ、と言った高齢者がいたが、そこまで酷いところはもうないにしても、それに近いような病室がまだあるかもしれない。

いずれにせよ、ほとんどの病室は自分の家の寝室のようにはいかないので、少しでも快適に過ごすための工夫が必要である。個室ならかなり思いきったことができるだろう。枕、ベッドシーツ、ふとんカバー、電気スタンドなどを換え、サイドテーブルに好みのテーブルクロスをかけ、ソファーにクッションを、床には植木を置き、壁には絵をかけるなど部屋の模様替えをする。実際に入院するたびに、このようにしていた患者さんがいた。個室でない場合でも、ほかの患者さんに迷惑にならないように配慮しながら、より快適に過ごせるような工夫をするべきである。

「シャレ気が出れば、ひと安心」とよく言われるが一理はある。危険な状態から脱して、体調の回復の兆しが自分でも感じられるようになると、たいていの患者さんは少しでも身ぎれいにしようとする。たしかに、そのころから、いろいろな検査データもぐんと良くなる。入院が長引くようなら、思いきってオシャレをするのはどうだろうか。じっとベッドの中で寝ていなくてもいいような状態なら、ちょっとオシャレな衣服に着替えて、本でも持って病院内の居心地のいい場所を見つけて出かけてみるのもいい。

入院が長くなりそうな患者さんには、古今東西の名作をじっくりと時間をかけて読むことも勧めたい。多忙な日々の中では、とうてい読むことができないような大作に挑戦してみることで、自分の中で何かが大きく変わることは間違いない。退院して実社会に復帰したとき、今までとは違った自分に遭遇すると思う。私はよく、山岡荘八の『徳川家康』（講談社文庫）の全二十六巻に挑戦することを勧めていた。その中の一人の患者さんは、入院当初は自分の将来に対して強い不安感を抱き、あせりをむき出しにしていたが、この本を読みはじめてからは、何となく表情が変わり、口のきき方まで違ってきた。そして、読み終えたときには、何か今までの不安や迷いが吹っ切れたようだと話していた。入院という状況下で、この本を読んだ経験はこの人の人生にとって得がたいものであったのだと思う。

入院生活が長くなると、やたらと人恋しくなるものである。誰でもいいから、会いに来てほしいと思うときがあるに違いない。入院していることは、報せなくても人づてに伝わるだろうと思っていても、それが案外伝わっていないないで、退院したあとで「なんで報せてくれなかったんだ。冷たいぞ」と言われることもあるだろう。そこで入院したら、親しい友人には「顔を見たいから、一度来てほしい」という趣旨のメールか手紙を送るのである。

このとき、友人の一人ひとりに、ちょっぴりなら何かねだってもいいだろう。見舞いに行く者にとっては、手ぶらで行くわけにもいかず、かえって見舞い品の注文があったほうが気が楽なのである。作家と出版社名を伝えて文庫本を一、二冊頼むのはどうだろうか。何人かの友人にいろいろな文庫本を頼んでおけば、入院中に退屈することはないだろう。それに文庫本なら友人たちにそれほどの負担をかけないですむ。

つまらない入院生活を少しでも過ごしやすくするための工夫はまだまだ沢山あるだろう。ただじっと我慢をしているだけではなく、自ら改善することを心がけてほしい。

近道、回り道
――迂回しても歩きやすい道を選ぶ

若いころは、ごちゃごちゃした道でも、急な上り坂や階段があっても、とにかく近道を通って目的地に早く着きたいという気持ちが強かった。だが、高齢になり時間がある今では、とくに急ぐ必要などないので、多少遠回りになって時間がかかっても、気にすることなく、歩きやすい、安全な道を通って行きたいと思うようになっている。

いい気候になると散歩コースもそれまでより遠回りするようになる。そんなとき、夜でもないのに、もう六十年以上も前に菅原都々子さんが歌って大いに流行った「月がとってても青いから、遠廻りして帰ろう、あの鈴懸《すずかけ》の並木路《じ》は、想い出の小径よ、腕を優しく組み合って、二人っきりで、サ、帰ろう」（『月がとっても青いから』清水みのる作詞、陸奥明作曲）という歌がふと思い出されて、口ずさみたくなる。でも、たいていは、青空の下を一人で散歩をしているので、ちょっとだけ歌詞を変えて、「月がとっても青いから」のところを、「空がとっても青いから」とし、後半の「腕を優しく組み合って、二人っきりで」を「腕を優しく振りながら、一人っきりで」と変えて、周りに人がいないのを確かめてから、小さな声で歌ってみたりして、ちょっといい気分を味わっている。

また、今もときどきだが、散歩をしながら、こっちのほうが近道かもしれないな、という若いころの近道志向がふと頭に浮かんできておかしくなる。そういえば、かつては何事にも近道志向が強かった。遠回しの表現は極力避けて、単刀直入に話をするようにしていたし、人を介して事を進めるより直接自分で手を下すことが多かった。研究面でアイディアが浮かぶとすぐに手を出した。熟慮断行とは程遠いこともあって、途中で頓挫するものも少なくなかったが、それでもそんなアイディアの中からいくつもの研究論文が国際的に評価の高い欧米の循環器専門誌に採用されもした。若いころは近道志向がそれなりに功を奏していたのである。

だが、教授在職が半ばを過ぎるころになると、次第に気力・体力・能力がそろって下降し始めてきたこともあって、何事につけても、多少遠回りになっても近道志向からくるリスクを避けて安全な迂回志向に傾くようになった。そのころから人間的に少し丸味が出てきたようだと周囲で言われているのが耳に入ってきたが、要はパワーが低下してきて、優柔不断になったと認識していた。

人の体の中でも高齢になると直通の近道が通りづらくなったり、閉鎖されたりして、回り道をせざるを得なくなったり、新しい迂回路を作製しなくてはならなくなることが出てくる。肝硬変では肝臓が硬くなることにより、内臓から静脈血を集めて肝臓に注ぐ門脈という静脈の流れが悪くなるため、その一部は肝臓を通らずに迂回するルート（側副血行路）に向かうことになる。その代表的なルートである胃や食道へ向かう側副血行路では、食道下部や胃の上部にある静脈が過剰な血流の流入のために、数珠状に大きく腫れ（胃・食道静脈瘤）、ときに破裂して大出血になることがある。心臓の冠状動脈の一部が狭くなり、突然、充分な血流が得られなくなると狭心症になり、完全に血流が途絶えると心筋梗塞になる。冠状動脈の一部の血流が阻害され、その周辺の心筋が一時的に高度な虚血状態になると、そのことが刺激になって、それまで冬眠していたように閉鎖されたまま潜在していた迂回路（側副血行路）が開通することがある。

狭心症の発作を何度も起こしている人が心筋梗塞になった場合には、すでにこのような側副血行路が開通していることが多いので、狭心症の発作を一度も起こしたことがない人が心筋梗塞になった場合より予後が良好であることが多いのである。

主要な冠状動脈の大元に高度な狭窄があったり、また、いくつもの狭窄が存在するような場合や、冠状動脈の一部が完全に閉塞している場合などには、狭窄や閉塞部位を迂回するようなバイパス手術が行われる。

一般的に、治療法には近道志向と迂回志向がある。癌の切除、怪我の治療、抗生物質による感染症の治療などは近道志向であり、動脈硬化やメタボリック症候群などに対しては、病気の周辺からさまざまな手段を使っての迂回志向の治療になる。

いやはや、話が散歩の近道、回り道から大きくそれてしまった。このような話の展開は迂回ではなく迷走であり、近ごろではそうめずらしいことではないので、ちょっと気になっている。

チリも積もれば山となる
――生活習慣を真摯に見直す

「チリも積もれば山となる」「ローマは一日にして成らず」「千里の道も一歩から」など、昔から目標に到達するためには日々の地道な努力が不可欠であると諭されてきた。だが、そうとわかってはいても、一つのことをこつこつと継続的にすることができずに、途中で諦めてしまう人が圧倒的に多い。そんな悠長なことをするより、一気呵成に目標に向かって突っ走り、もしそれに失敗したら、また別の目標を立ててそれにチャレンジすればいい、と考える人もいる。だが、多くの人は、目標によって、「チリ型」と「一気型」とをうまく使い分けているのだと思う。

私は典型的なチリ型人間で、一気に物事を処理することが得意ではない。原稿は毎日一枚書くと一ヶ月で三十枚、一年で三百六十五枚となり、本一冊くらいの分量になる、と考えるほうである。一日に一気に何十枚も書くということなどまずしないし、第一それができない。本を読むのも一晩で読み上げてしまうというようなことはしないで、少しずつ何日もかけて読むのが好みである。傍から見たら気が遠くなるようなこまかな作業をいつ終わるかもわからないままに、一つひとつ積み重ねていく学術研究は私のようなチリ型人間には向いている。そんなチリ型人間だったからこそ、無才な私でも何とか大学での研究生活をやってこられたと思っている。

話は変わるが、メタボリック症候群の患者さんを診察するとき失礼ながら、「チリも積もれば山となる」の喩えが頭に浮かんでくる。メタボリック症候群の大元はもちろん肥満である。このような肥満になるのは消費カロリーより摂取カロリーが多い食生活を長い年月続けてきた結果であり、まさに「チリも積もれば山となる」の典型である。もし、この一年間で五キログラム体重が増えたとしたら毎日、どれくらいのカロリーオーバーになっていたのだろうか。

脂肪一キログラムは七千キロカロリーに相当するので五キログラムは三万五千キロカ

ロリーになる。それだけの脂肪が三百六十五日かけて徐々に増加したとすると、一日に九十六キロカロリー（35000÷365）過剰摂取をしていたことになる。これはご飯茶碗約二分の一杯、アンパン三分の一個、ハンバーガー三分の一個に相当する。これくらいならほとんど無意識のうちにいつもより多くカロリーを摂取してしまう。もちろん、それに見合った運動をしてカロリーを消費していれば体重の増加はない。

そこで、今の体重をひと月かけて一キログラム減らそうとしたら、一日二百三十キロカロリー（7000÷30）だけ摂取カロリーより消費カロリーを増やさなくてはならない。これはご飯茶碗約一杯半に相当するカロリーであり、毎食、ご飯を二分の一杯減らすことですむ。また、一万歩歩くと約三百キロカロリーの消費になるので、ご飯を一杯分減らし、歩行を三千歩とすれば充分二百三十キロカロリーになる。

喫煙している人を見るときも、「チリも積もれば山となる」が頭にちらつく。長年喫煙している人はすでにそのチリの山が相当高くなっているだろうとつい想像してしまう。タバコを一本吸うたびに一粒のチリができ、それが積もり積もって何年、何十年後には大きな山となって、肺癌や胃癌や膀胱癌などの多くの癌となり、また、慢性閉塞性肺疾患（ＣＯＰＤ）となる。

　米寿を過ぎた知人の母親が息苦しさを訴えて病院を受診したところ、肺機能が正常の人の三分の一くらいに低下していることがわかった。病名はＣＯＰＤだった。この婦人は喫煙の経験はなかったが、十年ほど前に肺癌で亡くなった夫がヘビースモーカーだったことから、夫が吸ったタバコの煙を長年にわたり吸い込んでいたこと（受動喫煙）がＣＯＰＤの原因ではないだろうか、というのが専門医の見解だった。

　ＣＯＰＤの患者の大半は喫煙者である。吸い込んだタバコの煙によって気管支や肺胞に慢性的な炎症が起こり、病変はゆっくりと進行して、肺がすかすかになるようになり、呼吸機能が低下する。主な症状はせきやたん、息切れである。高齢者がＣＯＰＤになると、心臓への負担が増して、心不全を惹起することも稀ではない。

　私たちは多くの生活習慣にがんじがらめになっている。そのすべての生活習慣は「チリも積もれば山となる」的にプラスにもマイナスにもなって、体に影響を与えているが、一回ごとの影響はまさにチリのように小さいので、それに気がつくことがない。そのチリが積もり積もってある程度の山になって、初めてそれに気づくことになる。プラスの山はより高くし、マイナスの山はこれ以上高くしないように、さらにはその山を少しでも低くするに越したことはない。そのためには、一つひとつの生活習慣を真摯に見直す必要がある。

スメハラ
——体臭・口臭を元から断たせる方法

他人から「クサイ」と指摘されたら、「そんなことはない」と即座に否定する前に、一度、本当に自分はクサイのかどうかを確かめてみたほうがいい。自分がクサイと感じたことも、家族からもそんなことを言われたこともないかもしれないが、臭《にお》いは始終嗅いでいると慣れてきて、気にならなくなるし、ときにはまったく臭いを感じなくなることもある。

昔、こんなことがあった。大学三年（医学部一年）のとき、毎日夜遅くまで、ホルマリンに浸かっていた遺体の解剖実習をしていた。実習が開始された当初はホルマリン臭が強く、遺体からの臭いはそれほど酷いものではなかったが、一ヶ月、二ヶ月と経ってくると、初めてその臭いを嗅いだ人なら居たたまれなくなって逃げ出すくらいになった。だが、もうそのころになると、私たちはすっかりその臭いには慣れていて、それほどクサイとは感じなくなっていた。解剖用の白衣に着替え、シャワーキャップのような帽子をかぶって解剖室に入るのだが、大学の方針で実習にはゴム手袋を使わずに素手で行っていた。

今はどうか知らないが、そのころはシャワーの設備がなかったので、せいぜい手をよく洗って、ズボンをはき替えて帰宅したのだが、都電に乗ると、たちまち周りの人たちが私の体から放つ異臭に気づいて、遠ざかっていった。

しかし、朝、大学へ行くときの都電の中ではそのようなことはなかった。それは、大学から帰ってすぐに入浴して全身を、とくに手と頭髪を丁寧に洗い、翌日は洋服を替えて登校したからだと推測できた。臭いの原因と発生源がはっきりしていたので、有効な対策を立てやすかったのである。

「スメハラ」という妙な言葉をときどき見聞きする。初めてその言葉を知ったとき、粗《そ》忽《こっ》者の私は、「ツメバラ（詰め腹）」の言い間違いではないかと思ってしまった。だが、それは言い間違いではなく、「スメル（臭い）ハラスメント」のことで、臭いによって他人に不快感を与えてしまうことを言うのだそうだ。これはセクハラ、パワハラについでの三番目のハラスメントの登場だとわかった。

体臭の強い人のそばに長時間いなくてはならないことが、いかに辛いかは誰もが経験してわかっているだろう。そうかといって、当人に面と向かってクサイから何とかしてほしいとは言いづらいものである。職場でこの先、ずうっとこの臭いを嗅いで仕事をしなくてはならないとなると、たまらなくなって総務部や人事部に苦情を訴えるケースがあるというのもわかる気がする。

スメハラの当事者と言われている人は、多分、自分の体臭に気づいてはいるのだろうが、周囲の人たちから顰蹙《ひんしゅく》をかっているほどとは思っていないのかもしれない。とは言え、周りの人たちの自分を敬遠する気配は感じているはずである。自分の体臭を過小評価しないで、周囲の人たちに迷惑をかけているという前提に立って、その対策を考えたほうがいい。

体臭は、主に皮膚に常在する雑菌によって汗や皮脂・垢に含まれる成分が分解され、発生した揮発性成分がガスとなって臭うものである。皮膚には皮脂を分泌する皮脂腺と、汗を分泌する汗腺とがある。汗腺は熱に反応して汗を出し、上昇した体温を下げる。また、緊張やストレスを感じたときや辛いものを食べたときなどにも汗が出る。皮脂や汗は分泌された当初はほぼ無臭だが、時間の経過とともに皮膚の常在菌によって皮脂の成分（脂質やたんぱく質やアミノ酸など）が酸化・分解されて不快な臭いが産生されるのである。

体臭の主な源が汗であることが判明したので、汗とどう向き合うかを考えればいい。汗をそのままにしておくと雑菌が増殖して臭いが発生するので、毎日、とくに体臭の強い人は朝、夜二回、体を洗って汗が溜まりやすい、わきの下、肘、膝の裏、足の指の間などを清潔にする。そして、日中はこまめに汗を拭き、また、菌を増殖させないように制汗デオドラント剤を活用するのもいい。

病気が原因で特有な体臭を放つことがあり、病気の診断に役立つことがある。糖尿病では甘酸っぱい臭い、腎臓病では尿臭（アンモニア臭）、肝臓病ではドブやカビのような臭い、便秘では便臭、脂漏性皮膚炎では脂臭、などが知られている。

酷い口臭も周囲の人たちには迷惑であり、スメハラにもなるだろう。口臭の主な原因は歯周病か虫歯であるので歯科のチェックを受け、適切に対処すべきである。

さらにもう一つ気になるものは、下着や衣服や靴からの臭いである。下着は清潔なものに毎日着替え、衣服も靴も前日のものとは別のものにするなどの配慮が必要である。衣服に臭いがしみ込むと簡単にはとれないので、そうなる前にクリーニングに出して早めに手当てをしておくに限る。また、自宅でも簡単に洗えるウォッシャブルの背広があるので、大汗をかいて働く若い人には便利である。

体臭をオーデコロンや香水で隠そうとすると、それが裏目に出て、かえって酷い臭いになることがある。どんな臭いでも元から断たなければ効果が期待できないことを肝に銘じておくべきである。

その場しのぎのつけ
――緊急避難的な対応は命取り

つい、その場しのぎにちょっとした嘘をついてしまったために、あとになって、その嘘を隠すためにまた別の嘘をつかなくてはならなくなったという苦い経験をした人は少なくないだろう。とりあえずはその場をしのぐための手を打って物事を丸く収めておく、ということはままあることである。だが、これがいつかとんでもない結末を迎えることになるかもしれないということだけは、心の片隅に留めておくべきである。

一時の快楽を求めて覚せい剤に手を出し、あげくのはてに身を滅ぼすことになった人や、欲しいものを手に入れるために消費者金融から金を借り、その返済にまた消費者金融を頼るということを繰り返しながら借金地獄に陥った人など、さまざまなその場しのぎに由来する重いつけを背負い込んだ人は少なくないだろう。国の外交にしても、その場しのぎの暗愚な対応のつけが、国益を大きく損ねているケースがそれこそ枚挙にいとまがないほどある。また、政治家のその場しのぎの一言が自らの政治生命を危うくし、さらには国政を揺るがす大事件へと発展したことがこれまでにいくつもあった。

その場しのぎの対応で生命を落とす羽目になった患者さんがいた。その人はもともと胃腸が強いほうではなく、胃の調子が悪くなるとその都度、その場しのぎに市販の胃薬を飲んで治していた。周囲からは一度病院できちんと診察を受けたほうがいいと何度も言われていたらしいのだが、薬を飲めばよくなっていたのでそれでよしとしていた。

病院に診察に来る三ヶ月ほど前から胃部に不快感を認めたので、いつものように市販の胃薬を服用して様子を見ていたが、それまでのようにはなかなかよくならなかった。それでもこんなことが以前にも度々あったことから、胃薬を飲み続けていたところ、胃部に鈍痛が生じるようになった。そこで痛み止めの薬を飲んでみたがよくならず、ようやく重い腰を上げて病院へ診察を受けに来たのである。そして、すぐに施行された胃の内視鏡検査で胃癌が発見され、胃の三分の二を切除する手術を受けた。だが、一年後に胃癌が再発し、それから半年後に亡くなった。このようにその場しのぎの対応で治療を遅らせ、取り返しのつかないことになったケースはいくらでもある。あのときすぐに病院に来てくれていれば、こんなことにはならなかったものをと、残念でならないケースが少なくない。

実は、私たちの体は日々、その場しのぎでさまざまなストレスに対応しているのである。長年にわたって暴飲暴食を続け、標準体重を大幅に上回っている人に、糖尿病を心配して血糖値を調べても、血糖値は正常範囲内の人がいる。しかし、そのような人の血液中のインスリンレベルを調べてみると明らかに高値を示している。これは暴飲暴食により高くなった血液中のブドウ糖をすい臓がインスリンを増産することでうまく処理しているからである。しかし、いつまでもすい臓がインスリンの増産を続けていられるはずはなく、いつの日かすい臓は疲弊して、充分なインスリンを産生することができなくなる。そうなると、血糖値が上昇したままになり、やがて糖尿病になるという経路をたどる。これもすい臓がその場しのぎでインスリンを増産し続けてきたつけの出来事である。

一日約十万回も拍動している心臓はタフな臓器で、体中からの要望に応えて心臓から血液を送り出している。先天性心臓病や心臓弁膜症や高血圧や心筋梗塞などの病気が心臓に過大な仕事をさせ続けると、やがて心臓は疲弊してきて、充分な血液を全身に送り出せなくなる。そのようにならないために、心臓はさまざまなその場しのぎの代償作用を発揮して、心拍出量を保持するようにつとめることになる。

それにはまず、拍動数を増やして心拍出量を増やす。その一方で、心臓のポンプ力を高めるために心臓の筋肉を厚くしたり（心臓肥大）、バネを大きく引っ張って離すと大きな力が出るのと同じ原理で心臓を大きく拡張させたりする（心臓拡張）。これらはすべてその場しのぎの処置であり、心臓の負担を取り除く根本的な処置ではないので、いずれそのつけがきて、心不全の状態になってしまう。心不全にならないためには、心臓に過大な仕事を強制している病気を大元から治療しなくてはならない。

何事においても、その場しのぎはあくまでもそのときの緊急避難的な対応であり、その後に根本的な解決法を用意しなくてはならないという覚悟だけはしておくべきだと思う。

スローモーション
——最大筋力の二十パーセント分の運動をこまめに

近ごろ体の動きが少しノロノロしているのではないかと気になり出している。病院の階段の踊り場で体を回転させて上ったり下りたりするとき、ちょっともたついてしまう。ついこの間までは、そんなことなどとくに意識しないでスムースにできていたのに、今では体の動きがぎこちなく感じてしまう。

実際には以前とそれほど変わっていないのだろうが、そう感じてしまうのは意識のしすぎなのかもしれない。また、椅子から立ち上がるときや座るときなどで、つい、どっこいしょ、と口から出てしまうことがある。そんなときの動作は多分緩慢で傍からはいかにも年寄りじみて見えるに違いない。

高齢になるとどうしても静的な生活が多くなり、運動量が少なくなりがちになる。そうなると、体を動かす筋肉の約八十パーセントを占めている下半身の筋肉を活発に動かさなくなり、筋力が低下し、歩行能力も衰えてくるという整形外科医の友人の話はまず間違いないだろうと実感している。私は週に二回、スポーツジムで筋トレとスイミングをしているが、友人に言わせると、私の場合、それだけでは筋力の低下を阻止するには不充分のようだ。筋肉が出せる最大の能力を百パーセントとした場合、その二十パーセント程度を毎日使っていないと筋肉は衰えてしまうらしい。全力で走ると脚の筋肉の能力はほぼ百パーセント発揮される。その二十パーセント分を毎日きちんと使わないと筋力は衰えてくる。

とくに高齢者は老化によって筋力が低下しやすいので、毎日こまめに二十パーセント分の運動をすることが肝要で、それには一日一万歩を目指してのウォーキングが最適だと主張する友人の話は間違いないのだろう。一分間に百歩の速度で歩くとして、一万歩の所要時間は一時間四十分になる。それは私にはかなり高い目標なので、まずは一日三十分のウォーキングから始めることにしているが、正直、それすらも毎日となると結構難しいものがある。

せっかちな性格なこともあって、高齢になった今も一人で外を歩くときは早足になる。とくに先を急ぐ用事があるわけでもないのに自然と早足になってしまう。でも、早足で歩けることは高齢者にとっては喜ばしい指標になっているのである。それは、歩行速度が低下している高齢者は、転倒のリスクや心臓・血管系の疾患で死亡するリスクが高いことが明らかにされており、早足で歩けることはそのようなリスクが低いことになるからである。歩行速度が低下している原因として、心不全、高血圧、動脈硬化、糖尿病などの心臓・血管系の危険因子が存在している可能性があると考えられているのである。

高齢になると傷の治りが遅くなることは、これまで多くの高齢の患者さんの中で見てきたが、我が身でそれをはっきりと実感することはなかった。だが、それをごく些細なことから身をもって痛感した。靴下のゴムが少しでもきついとそこに深い圧痕が残り、そこが痒くなる体質があるので、たいていはゆるゆるの靴下をはくようにしている。それでもつい普通の靴下をはいてしまうことがあり、そんなときはてきめんにくっきりと跡ができて痒くなる。つとめて掻かないようにしているが、寝ている間に知らず知らずのうちに引っ掻き傷をつくってしまうことがある。

そんな引っ掻き傷など放っておいても何日かすれば治っていたのに、そのときの引っ掻き傷はなかなか治らずに化膿してしまった。赤く腫れて圧痛があり、細菌が感染して蜂窩織炎《ほうかしきえん》（皮膚の深いところから皮下脂肪組織にかけての細菌による化膿性炎症）になったと診断して、抗生物質を服用し、抗生物質入りの軟膏をぬって様子を見ていたが、局所の病状はよくなったり悪くなったりの一進一退が二ヶ月ほど続いたすえにようやく治癒した。

ところが、傷跡は火傷のあとのケロイドのようにツルンツルンになり、そこに色素が沈着して赤褐色になった。それは治癒力が衰えた高齢者であることを明示する烙印のように思えて、見るたびに情けない気分になる。

日ごろあまりやらないような労作業をした二、三日後に、体のあちこちが痛くなることがあるが、これも明らかに老化現象である。労作業で普段使わない筋肉を酷使すると、筋肉繊維に小さな傷ができ、そこに白血球が集まってきて修復しようとして炎症反応が起きる。そのとき痛みを感じさせる物質も同時に作られ、それが筋肉の中に入っている感覚神経を刺激して痛みを生じさせるわけである。

ところが、このような無理な労作業をして、筋繊維に傷ができたところに白血球が集まってきて炎症反応が生じるまでの時間は若年者では早く、加齢につれて遅くなるのである。その結果、若者は翌日に、中年以降は翌々日に、人によりさらに遅れて痛みが発症することになる。

「この間、親父の家の引越しの手伝いをした日の翌日、体のあちこちが痛いとこぼしたら、親父はどこも痛くないと言って、体の鍛え方が違うと自慢したんだ。ところが、その翌日、俺の痛みは大分よくなったのに、今度は親父に筋肉痛が出てきて、それも俺の場合より酷そうだった。しかもその筋肉痛がとれるまでに一週間近くもかかったらしいんだ。インターネットで調べたら、これって、加齢に伴うごく一般的な変化なんだそうだ。親父にそう言ったら苦笑いしたけどね。ちょっとがっくりきたらしいな」

電車の中で隣に座っていた中年男性の話が伝わってきた。他人事《ひとごと》とは思えなかった。

身の安全は保障されていない
——自宅でできる筋力トレーニング

我が国は世界でも屈指の安全な国であることは間違いない。人種や宗教の違いが原因で大きな争いになることはないし、世界的な観点から見れば、経済的にも政治的にも安定しているといえる。年々、殺人・傷害事件が減少傾向にあるとはいえ、まったくの安全地帯にいるとは言い切れないのが現状である。

個人の家でも警備会社と契約して警備システムを導入しているケースが増えてきている。門や玄関などに貼られている警備会社のラベルは不法侵入者を阻止する効果がある程度は期待できると思うが、油断は大敵である。敵はつわものであり、警備会社に守られているという安心感を逆手にとって、ふいをついた攻撃に出てくる。すぐにすむ用事で近所に出かける、ゴミ出しに出る、庭の手入れをしている、などといったほんの短い時間だからということで、玄関や勝手口のドアに鍵をかけないでいるとその隙を狙って、賊が侵入するというケースがときどき報じられる。

身の危険は犯罪に巻き込まれることばかりではない。それよりはるかに遭遇頻度が高いのは怪我や疾病である。とくに高齢者に多い怪我は転倒である。高齢になると、下肢の筋肉の衰え、膝関節の障害、バランス感覚の低下、注意力の散漫などが原因で転びやすくなってくる。高齢に近づいてきたら、転ばないように細心の注意を怠らないことである。そんなことは誰もがわかっていることだし、日ごろからそれなりに注意しているはずだとは思うが、転んで捻挫したり骨折したりする人が周りに何人もいる。

転ばないようにすることは口で言うほど易しいことではなく、生活環境を見わたしてみて、どのような注意が必要なのかを自分で検証しておく必要がある。下肢の筋肉が弱ってきているせいか、どうしてもすり足で歩くことになり、ちょっとした段差にもつまずいて転んでしまう。家でも外でもすり足にならないことを念頭に置いて足を持ち上げるようにして歩くことである。

また、ちょっと外に出るときなどに、ついサンダルをつっかけて出たりすることがあるが、そのサンダルと足がよく合わなかったり、歩きづらかったりすると、つまずきやすくなる。若いころは、つまずいても、オッ、トッ、トッ、トと片足で踏ん張って、倒れないですむことが多かった。それは片足で踏ん張れるだけの脚の筋力があるからであり、筋力が低下している高齢者は、片足で踏ん張れずに、オッ、バターンと転んでしまう。だが、日ごろから下肢の筋力を鍛えている高齢者なら、オッ、トッ、トッ、トと片足で踏ん張って転ばずにすむのである。

私は週に二回、スポーツジムで下肢の筋肉の筋トレと水中ウォーキングを行っているが、その他の日はあまり運動をしていないので、転倒防止のための筋力トレーニングとしてはまだ充分ではないと思っている。下肢の筋トレは家にいても充分可能である。たとえば、①椅子に深く腰掛ける、②膝を曲げずにかかとを腿の高さまで上げる。③足首を手前に折り曲げ膝を伸ばす。④足首を伸ばしたり、曲げたりしたあと、足を下ろす。⑤左右の足を交互に三〜五回行う。などを一日に何度かするだけでかなりの筋トレになる。大切なのはこれを三日坊主で終わらせずに続けることである。

高齢者の運動中の突然死や登山の遭難事故は四季を問わず発生している。ほとんどの場合、加齢に伴う生命力の低下を軽視し、体力を過信していることがその原因の根底になっている。どんなにその道のベテランでも、スキルはある程度保持されているとしても、体力や生命力は年相応に低下しているのである。リスクがあっても、自己責任でやりたいことをする、と主張する人もいるが、自己責任だけですまされないこともあるという事実を認識しなくてはならない。登山で遭難したと判明すれば、直ちに救助隊が編成されて救助に向かうことになるが、その人たちにも生命の危機が負荷されるのである。

これまでに、救助隊の人が怪我をしたり、死亡したりしたケースがいくらもある。登山は自己責任で行うので、遭難した場合にはそのままにしておいて結構と明言しておいたとしても、いざ遭難したとわかれば、人道的にそのまま放置しておくわけにはいかず、救助に向かうことになる。高齢になっても、自分のやりたいことをするという意気込みは大いに評価できるが、それを遂行する際に人さまの迷惑にならないというのが最小限の約束事であることを銘記すべきである。

生命の危機をもたらす最大の原因は体の中にある。高齢者の体の中には加齢に伴う変化に加えて、さまざまな病気が軒を連ねるように存在していて、それらの病気とうまく付き合いながら日々を送っているのが高齢者の日常である。ちょっとした異常は自分では気がつかないことが多いので、定期的に健診を受けることが望ましい。

これから先、さまざまなリスクに遭遇することが予想されるが、これまで蓄えてきた知恵を最大限に利用してどう切り抜けるか、スリルもあるが楽しみでもある。

第三章　年をとることの宿命

「よかった」と思う感覚
――日常のささやかな幸せの受け止め方

「～でよかった」というのは、英語では"I am happy to～"とか"I am glad to～"とか"I am pleased to～"などと言い、アメリカのテレビドラマを見ているとこれらの言葉がよく出てくる。ところが私たちは「～でよかった」というような言葉を口に出してはあまり言わないのではないだろうか。

私たちは世界屈指の豊かで平和な国の国民として生活しているので、発展途上国の人たちからは想像もできないほどの恵まれた環境の中で生活している。それなのに、その有難さに気づいていないことが多い。いや、気づいていないどころか、日常的に些細なことで不平不満を漏らしている。不平不満を口にする前に、「よかった」と思う感覚を取り戻してもらいたい。

「三度の食事が食べられてよかった」

「夜、安心して眠ることができてよかった」

「電気、水道、ガスが使えてよかった」

「電車やバスが利用できてよかった」

こんなの当たり前ではないかと思うかもしれないが、それは思い上がりである。新聞やテレビで時折報道されているように、世界中には戦争や自然災害や貧困などの真っ只中で、今の日本のような平和な日々を夢見ている人たちがごまんといるのである。日本でも震災や水害などの災害で大きな被害を受けた人たちは、このような基本的な恩恵すら充分に受けられない状況下での生活を余儀なくされているのである。

「〜でよかった」と思えることがそこらじゅうに転がっているのに気にもとめない人が多すぎる。そこで、そんなことではもったいないと、「〜でよかった」を意識して行動することを心がけている。

「会えてよかった」

「キャンセルしてよかった」
「かえって、雨でよかった」
「あれにしないで、これにしてよかった」
「間に合ってよかった」
「このくらいのことですんでよかった」
「怖い目にあわなくてよかった」
「気がついてよかった」
「手すりにつかまっていてよかった」
「転ばないですんでよかった」

一日の中で「～でよかった」と思うことはいくらもあるが、その「よかったこと」をどの程度「よかった」と受け止めているかで生き方の艶に違いができてくる。よほどのことでもないかぎり、「よかった」などと思わない人もいるだろう。そのような人より些細なことでも「よかった」と微笑を浮かべている人のほうに幸せの気配を感じる。

「それはよかった」と相手の幸運を喜ぶ言葉にはごく身近な人でもない限り、程度の差はあるものの、多少は妬みの感情が入り込んでしまうものである。というのも、多くの場合こちら側にはそのような幸運に恵まれていない者が自分を含めて、誰かしらいるからである。

「息子さん、現役で東大に合格なさったんですってね。よかったですわね」（うちの息子は今年も東大がだめで、結局、私大に行くことになったのよねえ）

「お嬢さん、ご結婚なさるそうね。おめでとう、よかったわね」（我が家の娘は結婚する気持ちなどさらさらなくて……）

「部長に昇格したんだそうだね。よかったな」（俺はこのまま課長で終わりそうだ。それにしても、こいつがなあ……）

「賞をとったんだってね。よかったなあ」（あれで賞がとれるんだったら、どうしてこの俺が……）

「ご主人、会社の役員になられたそうね。よかったわねえ」（うちのは定年退職後の行き先も決まっていないというのに……）

「再就職が決まったそうだな。よかったなあ」（俺のほうが学歴も職歴も上なのに、どうしてこいつが……）

でも、そんな妬みを乗り越えて、というよりそんな感情をおくびにも出さずに、相手の幸運を祝うのが成熟した大人のエチケットである。だが、それはかなり辛いことではある。

私は数え切れないほど、羨ましい、妬ましい、悔しいという気持ちを内に宿して人の幸運を祝福する場所に出席していたので、もし、それと同じような気持ちを周囲の人に抱かせるような幸運が訪れたときには、できるだけ祝福を受ける公の場所を作らないようにしたいと思っていた。こうした思いがあったので、杏林大学医学部第二内科学教室の主任教授に選抜されたときには、教授就任記念祝賀パーティーをやらないことにした。

当時も今も、教授就任パーティーはホテルで盛大に行われるのが慣例なので、多くの方々から開催するように強く勧められたが固辞した。でも、人から羨ましいと思われる立場についたのだから、そんなことをしてもしなくても、結局は同じではないかと言われればその通りなのだが、多くの人の前で、これ見よがしに幸運を誇示するのが嫌だったのである。

「おめでとう。よかったですね」

と言わなくてはならない人の気持ちを嫌というほど経験してきたからである。現役を離れ、そんな気遣いを一切しないですむようになって久しい。今は日々、「よかった」を連発している。

夢よ、もう一度

——過去の栄光と決別し、今の自分を受け入れる

一度見た夢やその続きを見たいと思っても見ることはまずない。夢はそのときだけで消え去ってしまうもので、目が覚めてから、夢よ、もう一度と必死に願ってもそれは叶わぬ夢である。一世を風靡した芸能人がさまざまな理由でスターダムから消え去り、長い年月が過ぎ、名前すら忘れられかけたころ、突然、テレビの画面に登場して、かつてスポットライトが当たっていた絶頂期の歌や芸を披露することがある。さすがだなあと感心しながらも、そこにはもうかつてのような輝きも勢いもなく、オーラがまるで感じられなくなっていることが多い。それを見ていて、夢よ、もう一度、の再起の願いは多分、叶わないだろうという直感が走る。そして、残念ながらその通りになることが少な

くない。

誰でもこれまでの人生の中で最も輝いていたころは、周囲から注目され、高く評価され、ときには羨望の目で見られ、それを心地よく感じていたときもあったのではなかろうか。そして、そんなスポットライトが当てられているような時期がいつまでも続くはずはないという不安が時折脳裏にちらつくことがあったのではないかと思う。

私の専門は循環器病なので高齢の患者さんが多く、定年後の生活の実態を身近に観察する機会に恵まれ、こうであってはならないこと、また、こうでなくてはならないことなど、多くを知ることができた。そのような観察の下地があったおかげで、自分ではまだ人生の頂点にいると思っていた五十代半ばごろから、定年の身支度をすることを考えるようになった。このような充実した生活も、やがて定年退職を期に確実に終焉を迎えることになる、ということを現実感を持って認識できるようになった。

そして、そのときが来たときの覚悟の地固めをしておきたいと考えて、還暦直前に『定年の身じたく　生涯青春！をめざす医師からの提案』（集英社文庫）をまとめた。そのときまとめた覚悟が、それから二十年以上経っている今でも私には大いに役立っている。

過去の栄光に復帰することが奇跡に近いと知りつつも、心のどこかではせめてそのミニ版でもいいから実現できないものかとひそかに願う未練心が残る。自分ではかつてのミニ版と思っていることでも、実際にはとうてい叶えられるようなものではなく、それも夢のまた夢と化すという厳しい現実が待ち受けていることがほとんどである。それは自己評価が高すぎるからなのである。新車でも買ったその瞬間から、中古車になり価格がぐっと下がるという。私たち高齢者は自分をいくら名車だと思っても、他人の目には廃車に近いおんぼろ車にしか見えないであろう、くらいに見積もっていてちょうどいいのである。

定年の身支度を充分とは言えないまでもそれなりに仕上げておいたので、現役からの離脱はまずまずの出来だったと思っている。大学を退職したあとは、一切研究指導をしないと宣言して、学位論文を提出する資格のある医局員全員の研究指導と論文作成を五年がかりで計画的に行い、最後の教授会までに全員の学位審査を通過させ、教授としての仕事にピリオドを打つことができた。

大学を退職したあとは、宣言した通りに研究には一切タッチせず、研究室への出入りもしないことにした。大学を退職しても元気で働けるうちは、医師としての仕事は細々ながら続けたいと思って計画を立てていた。だが、大学病院という大きな組織を離れれば、半人前どころかせいぜい四分の一人前くらいの仕事量がちょうどいいと査定して、その線に沿って準備をした。そして、週に二回、午後だけ近くの病院で予約制の外来診療を非常勤でさせていただくことになった。こうして、これまでの大学病院での経験を微力ながら実地の臨床につなげたいという希望を叶えることができたのである。

週休五日制で医者の仕事をしている以外の時間は、つれづれなるままに駄文を書いたり、本を読んだり、音楽を聴いたり、テレビを見たり、スポーツジムに行ったりして、好き勝手に過ごしている。だが、今なお、週休二日か一日の現役ばりばりで働いている友人たちの目には、よほどぐうたらな生活をしているように見えるらしい。でも、これが定年の身支度として整えた生活なので私としては大満足なのである。

定年退職したあと、まるで人が変わったように不機嫌になり、何かにつけて周囲に当たり散らしている退職からの寝起きの悪い人がいる。そのような人は、体は退職しているのに頭はまだ現役の中にいる夢を見ているのかもしれない。また、一方では、定年退職してから急に元気がなくなり、まるで寝惚けているような人もいる。退職からの寝起きの悪い不機嫌な人も寝惚けている人も、いずれは現実と向き合うことになるので、過去の栄光とはできるだけ早く決別して、今の自分をそのまま受け入れることである。

年をとることの宿命

――好きなことが存分にできないことに慣れる

好き嫌いには、それなりの理由があるのだろうが、ただ、それだけでは説明できない何か感覚的にそう思ってしまう要素があるように思う。

私は生臭い食べ物が苦手で、ずうっと魚の刺身を食べないでいたが、いつごろからかそれほどでもなくなった。それは食べてみて美味しいと思うようになったこともあるが、子供のころから抱いていた「魚は生臭いもの」という観念が薄れてきたからかもしれない。たしかに今は新鮮な魚ならそれほど生臭いとは感じていない。そうなると、私の子供のころの東京の下町では、新鮮な魚が入手できなかったので生臭かったのかもしれない。でも、もしそうだったとしたら兄や姉も魚嫌いになってもおかしくないのに、それが大の魚好きだった。そうなると、その当時の東京下町の魚もそれほどには生臭くはなかったようにも思える。

私が魚嫌いになったのはただ単に生臭いというだけからではなく、見た目で気持ちが悪いと感じたことも幾分関与していたのかもしれない。好物のうなぎの蒲焼のほうが魚料理よりよっぽど生臭いと家内は言うのだが、私にはそうは思えない。まあ、しょせん、これは嗜好の問題（matter of taste）であり理屈ではないのであろう。

食べ物にかぎらず、見るもの聞くもののほとんどの好き嫌いは、その理由に何だかんだと屁理屈をつけたがるが、とどのつまりは、"matter of taste"だと思う。

人についても物についても、好きか嫌いかをはっきりと二分できないことのほうが多い。好きでも嫌いでもないこともあれば、しいて言うと好き（嫌い）なほうかな、ということもある。また、それまで好き（嫌い）だったのが、何かのきっかけで嫌い（好き）になることもよくある。政治家の一言でそれまで好感を抱いていたのが一変してしまうことも、嫌いだった食べ物をそれと知らずに口にして、あまりの美味しさに大好物になることもある。そんな好き嫌いの素朴な感情が今でも固定せずに変化しやすいままになっていることは、精神の柔軟さがまだほどほどには保持されていることにもなり、私は内心ほっとしているのである。

好き嫌いは原則的には本人の意思で決めることなので傍からとやかく言う筋合いのものではないが、そこに法的にも社会的慣習からも規制があるのは当然である。好きな人だからといって一方的に付きまとうストーカー行為は犯罪であり、むやみやたらと自宅に物を溜め込んで、不衛生な環境を惹起しているのが法的に問題になるかどうかはわからないが、少なくとも社会的慣習上は明らかなルール違反である。

好きなことだけをして嫌いなことは一切しないとしている高齢者にそれが自己責任で処理できて、周囲の人たちの迷惑にならない範囲内なら共感できる。ごく身近の冠婚葬祭はしかたがないこともあろうが、そうでない場合に、もし出席したくなかったら、風邪を引いて熱が下がらないとか、このところ血圧の高い状態が続いているとかなど、当たり障りのない理由をあげて欠席したほうがいい。寒い日、暑い日、天候が悪い日などに通夜や葬式に出て、命を落とした人をこれまで何人も見てきた。また、厳寒の早朝ゴルフに義理で付き合い、急性心筋梗塞で亡くなった旧友もいた。高齢者は嫌なことは極力しなくていいと思うが、好きなら何でもしていいとは言えない。それが可能なのはあくまでも自己責任として処理できる範囲内に限られているのである。

高齢の登山者の遭難が毎年、何件も起きている。そのニュースを見聞きするたびに、なぜ、その年でそんな無謀な登山をしたのかと、遺憾に堪えない気持ちになる。遭難が発生する都度、捜索救助隊が編成され、ときには、救助隊の中から犠牲者が出ることもある。これはもう、自己責任で処理できる範囲とはいえず、身の程知らず、年の程知らずの誹《そし》りを免れないものと覚悟しなくてはならない。高齢になるにつれて、好きなことを好きなようにすることができなくなることに慣れなくてはならない。それが年をとることの宿命だともうずっと以前から身にしみて感じている。

医者はとかく、患者さんの好き嫌いとは正反対のことを押し付けることが多いので嫌われる。愛煙家の人にタバコを吸わないように、糖尿病の人には甘いものを食べないように、高血圧の人には塩分の多いものを食べないようになどと、患者さんの弱みにつけ込んで、好きなものに一々いちゃもんをつける。一方、運動嫌いな患者さんには運動するように強要し、魚嫌いな人や野菜嫌いな人には魚や野菜を積極的に摂取するように折に触れしつこく説教する。

そんな患者さんの嫌がることばかりを日々の診療で行っている医者が患者さんから好かれるはずはないので、せめて愛想よく診療するようにと努めてきた。そんな医者稼業をもう五十年以上も続けている。

「まだ」と「もう」

――諦めるか、続けるかのせめぎ合い

毎日が「まだ」と「もう」とのせめぎ合いである。

「まだ、寝ていてもいいんじゃないのかな。そんなに早く起きても、急いでやらなくちゃならないことなんてないんだから」

「いや、もう起きてもいいと思うよ。あれは、とくに急いでやらなくちゃならないことではないが、まあ、少しずつやっておくに越したことはないからな」

そのどちらになるかは、そのときの気分次第だが、午前四時を過ぎていれば、たいていは「もう」が優勢で起きてしまう。こんな具合に朝、目が覚める時点から、「まだ」と「もう」とのせめぎ合いが始まる。

宅配便で水や米が送られてくることがある。せいぜい十キロかそこいらなので、「まだ」これくらいなら楽々とキッチンまで運べると思って持ち上げてみて、そのあまりの重さに、いや、「もう」これは持ち上げて運ぶのは無理だと判断して、玄関マットに載せて引きずって運ぶことになる。これまでに、ちょっとした重いものを持ち上げようとして、腰がギクリとなって往生したことを何度も経験しているので、「まだ、これくらいなら大丈夫」と思うより、「もう、やめておいたほうが無難だな」という判断がすぐにつくようになっているのである。

駅に着いて急げばまだ間に合うと思うと、ついこの間までは、階段を二段飛びに駆け上り、駆け下りていたのだが、今では、少し急げばまだ間に合うと思っても、もう階段を二段飛びはできないし、急いでつまずいて怪我でもしたら馬鹿らしいと、次の電車にすることにしている。だが、駅の階段をホームへと降り始めたとき、電車の発車ベルが鳴り出すと、まだ間に合うから急げという気持ちと、もう間に合わないから諦めろという気持ちがぶつかり合う。そのどちらを勝ちにするかは、そのときの一瞬の判断になるが、今ではたいていの場合、もう諦めろ、という指令に従っているが、ごく稀には「行け！」とばかりに突進してしまうこともまだある。

　内心では、近場ならまだ車の運転はできると思っているので、とりあえず運転免許の更新をしたが、本当のところは、もう運転はしないほうがいいと思っているし、よほどのことがないかぎり、運転することはまずないと思う。若いころから運転は苦手だった。それでも長年、運転していたのでそれなりにうまくなって当たり前のはずなのに、それが一向にうまくならない。それどころか還暦を過ぎるころから、ますます下手になり、臆病になった。そして、首都高速の運転が怖くなり、次第に遠出をしなくなり、ついには近くのスポーツジムへ行くときぐらいにしか運転しなくなった。

　まだ大丈夫と思って運転していたのだが、スポーツジムへ行く途中で車の接触事故を起こしてしまった。幸い双方に怪我はなくてすんだが、まだ大丈夫という気持ちがなくなり、もう運転はしないほうがいいと思うようになった。それでも、まだ、ひょっとしたらという未練がましい気持ちがあったので、口うるさい娘どもの反対を押しきって、せめて免許だけでもと更新したのだが、それから一度も運転していない。

　スポーツジムへは週に二回を原則に二十年以上も通っている。そこでは主にエアロビクスをしていたが、最近では筋トレとスイミング・水中ウォーキングにしている。まだ、エアロビクスは何とかこなせるし、したいとも思っているのだが、その一方で、もうそろそろ卒業かなと感じ始めている。それはもうエアロビクスについていけないというわけでなく、まだ大丈夫だとは思っているのだが、終わったあとしばらくすると、両膝が少し痛くなるようになったからである。変形性膝関節症とまでには至っていないようだが、まあ、それに近い状態であることは間違いない。あまり膝に大きな負担をかけないほうがいいと考えて、エアロビクスを卒業ではなく休学ということにしている。

「まだ、呆けてはいない」と思っている半面、「もう、呆け始めているのではないか」とひそかに怖れている部分もある。人や物や土地などの名前がすぐに出てこない範囲が広くなり、回数も増えてきている。そして、それを思い出すまでの時間がだんだんと長くなってきている。でも、そんなことはもっと若いころからときどきはあったことだし、それがここにきて少しだけ酷くなっただけのことで、まだそう心配することはないだろうと自分に都合よく結論づけている。だが、ときどき、こんな名前もすぐに出てこないとなると、年のせいとばかりに片付けられないのではないか、と不安になる。

ついこの間、運転免許更新のために、七十五歳以上を対象にした講習予備検査を受けた。これは判断力、記憶力の状態を検査するもので、平たく言えば、認知症かどうかの検査である。私は九十六点（提示された一つの絵が思い出せなかったので百点ではなかった）だったので、このテストでは認知症ではなさそうだということにはなった。

私の中には、「まだ働けるし、働きたい」という自分と「もういい加減、仕事から引退したらどうか」という自分がいる。今のところ、「まだ」が優勢だが、いつなんどき「もう」が勝負に出てくるかわからない。だが、いつまでも「まだ」を続けられるわけではなく、いずれ「もう」ということになるのは必定である。そのときは、パソコンの中で文字との戯れに明け暮れることになるのではないだろうか。まあ、それもまた、楽しいだろうと思っている。

「まさか」と「やはり」

――他人からは理解されなくて当たり前

「まさか」と耳目を疑うような出来事がときどき報じられることがある。もう今では、たいていの「まさか」には慣れっこになってきているとはいえ、どうしてそんなことになってしまったのだろうかという思いをいつも抱いてしまう。

「まさか、誠実そのもののあの人が会社の金を、それも考えられないほどの大金を横領して告訴されたなんて、どうしても信じられないよ」

「俺は『まさか』どころか『やはり』という気持ちのほうが強いよ。君は知らないんだろうが、彼、大のギャンブル好きでね、消費者金融から相当借金していたらしいよ。奥さんとはもう何年も前に離婚して、今、ワンルームマンションで一人で暮らしているらしいよ」

「それは知らなかったなあ」

これと似たようなことが病院でもときどきある。

「まさか、あの健康そのものといった彼が心筋梗塞で入院したと聞いて驚いたよ」

「俺も驚いたけど、正直、『やはり』とも思ったよ」

「どうして?」

「彼、健康そうに見えて、本当はそうでもないんだよ。健診ではいつも、高血圧、糖尿病、脂質異常症などを指摘されていると言っていたけど、全然、治療を受けていなかったらしいよ」

「そうか、それは初耳だなあ」

この類の「まさか」と「やはり」の食い違いの話はよく耳にすることである。私たちは、自分が知っていることがすべてだと思って、それに基づいて軽々に判断を下してしまうことがよくある。しかし、ちょっと考えればわかるように、どんなに近しい関係にある人についても、目の不自由な人が象の一部を触ってその印象を語るのと同じで、知っているのはごく限られた一部だけで、そのほかの大部分については推測の域を出ない不確実のことばかりである。

したがって、「まさか」と思う人がいれば、「やはり」と思う人もいて当然である。それは自分についても言えることで、「あの人は私のことを全然理解してくれない」と嘆くより、「理解されなくて当たり前」と冷ややかに受け取るべきなのである。もともと他人《ひと》が自分のことを期待している十分の一も理解していないと思っておいたほうが自然であり無難である。

怖ろしいのは、自分自身を完全には理解していないことが多々あることである。

「この間、大した金額ではなかったけど振り込め詐欺に引っかかってしまったよ。俺は用心深いほうで、これまで人に騙されたことなんか一度もなかったし、まさか幼稚な振り込め詐欺なんかに引っかかるとは思ってもいなかったよ」

たしかに、善きにつけ悪しきにつけ、まさか自分がそんなことをする人間ではないと思っていたことを、いともすんなりとやってしまうことがある。そして、あらためて自分はそんな人間でもあったのかと認識するのである。

「やはり」という思いが入り込む余地がきわめて少ない「まさか」の出来事に、天災と癌がある。近年、何百年に一度といった地震や火山の噴火が日本列島に発生している。その発生を予測することは今の段階ではほとんど不可能であり、次元の違うレベルでの「やはり」の推測はあるものの、現実にはないに等しく、常に「まさか」の惨事となる。

ほとんどの病気では、「まさか」で発症しても、「やはり」と思われる原因や誘因が明らかになり、それに基づいての予防や治療がある程度可能になる。しかし、癌は天災と同様、「まさか」で発症し、「やはり」と説明ができる根拠はきわめて僅少である。だが、天災より少しはましなのは、癌の発症に関与しているとされている要因、たとえば、喫煙やアスベスト吸入や発癌性のある成分を含む食品摂取を忌避することなどに加えて、癌の早期発見・早期治療をすることで予防・治療の成果が高まってきていることである。「まさかと思ったが、やはりそうだったのか」と悪性の疾患を推定して、それが的中したときの悲しみと比べたら、良性の疾患を悪性と誤診して大恥をかいたほうがどれだけ幸せだかわからない。

善し悪し

――「善悪」「損得」は常に一対

人でも物でも、その善し悪しを正しく判断することがいかに難しいかを、この年になるまでに嫌というほど味わってきた。それにもかかわらず、今でも間違った判断をしばしば下してしまうとぼやいているのは私だけではないだろう。

テレビ番組の「開運！　なんでも鑑定団」に出てくる絵画や骨董品などの出品者が本物と信じて高い評価額を予想しているのに対して、その道の専門家が本物ではなく偽物と鑑定して、まさかと思われるほどの低額を提示することがある。また、その逆に偽物と思っていたものが本物であると鑑定されることもあり、そのような意外性の面白さにつられてつい引き込まれて見てしまう。このような予想外のことがあり得るというのを見せるのがこの番組の売りになっているのだが、このことも善し悪しの判断が難しいことを如実に物語っている。

医療の面でも善し悪しの判別が難しいことにしばしば遭遇する。

「こんなところにホクロがあるなんて気がつきませんでした。ホクロって急にできることはあるんですか」

この中年女性の右の瞼の下辺りに米粒大のホクロ（のようなもの）が見られた。形が崩れていないし、分泌物や出血もなく、見た限りでは悪いものではなく、普通のホクロに思えたが、念のために皮膚科で診てもらうことにした。ところが、皮膚科医は一目見て悪性腫瘍を疑い、細胞診で悪性黒色腫（メラノーマ）と診断したのである。もし、単純なホクロとして放置しておいたら、ゆくゆくは全身に転移して不幸なことになったかもしれない。ごく普通のホクロにしか見えなかったものが、まさかの悪性のメラノーマだったのである。

自分一人でできる善し悪しの判断には、おのずと限界があることをあらためて認識した貴重な経験だった。この経験を回診の折にしばしば医局員たちに話をして、病気の診断や治療に少しでも確信が持てないことがあった場合には、一人で判断せずに上級医や専門医に相談するように話した。

解熱剤で熱を下げたほうがいいのか、患部を冷やすほうがいいのか、安静を保たせたほうがいいのか、水分を与えたほうがいいのか、血圧を下げたほうがいいのか、この治療法でいいのか等々、日々の臨床の場で直面する問題の対処法の善し悪しの判断に苦慮することがよくある。目の前に展開している症状や徴候を適確に診断し迅速に対処するためには、一人の個人的な知見や経験だけでは充分でないことが少なくない。

臨床経験豊かな老医といえども、いや、そうだからこそ、過去の経験だけにとらわれずに、最新の知見を取り入れて的確に診断する必要がある。そのために専門分野別に設けられている専門医制度に加入して、常に研修を受けることが推奨されている。

専門医の資格を得るためには研修会や学会に出席して、所定の点数を確保しなくてはならない仕組みになっている。この年になってまでもと面倒くさく思いながらも、そのような研修会に参加するたびに、教えられることがあまりに多いことから、まがりなりにも臨床医を続けている限りは（これから先そう長く続けるとは思ってはいないが）、うかうかしていられないと自分に言い聞かせている。

自分にとっての善し悪しが他の人のそれと正反対のことがよくある。

雨の日にタクシーに乗って、

「嫌な雨ですねえ」

と言うと、

「こんなことを言うと、お客さんには申し訳ないんですが、私たちタクシードライバーにとって雨は有難いんですよ」

という返事が返ってきた。たしかに雨が降ればタクシーを利用する客が増えるので、タクシードライバーにとっては雨は良いことであろう。また、電化製品や自動車などが故障して買い換えなくてはならないとなると、使用している側にとっては悪いことだが、販売する側には良いことになる。得する人がいるとその反対側には損する人がいるという「善し悪し」がペアになっているのが世の習いなのであろう。

「人は最高にいいんだけど、仕事がまるで駄目なんで、職場全体の成績の足を引っ張っていて、困っているんですよ」

という管理職にいる人の話を聞いたことがある。人が悪くて仕事も駄目なら躊躇なく厳しく対処できるのだが、人がいいだけに無下《むげ》にすることができないのであろう。人がいいという個人的な「善」が、仕事ができないということで組織にとっては「悪」になっているのである。

何が善で何が悪かの判断がＴＰＯによって大きく異なることに不安を感じている。

知識量で勝負する時代ではない
――広い視野に立ち、多くの知見に触れる

物事をどれくらい知っているかの「知識量」が、勝敗の決め手となった場面を私たちはこれまで嫌というほど通過してきた。小学校、中学校、高等学校、そして大学への受験戦争では、大量に、迅速に、正確に知識を詰め込むことが得意な受験生が圧倒的に有利だったし、これから先もしばらくはこの傾向は続くかもしれない。

医学部では覚える知識量が多いために、私の学生のころは、他のすべての学部では四年制をとっていたのに六年制になっていた。二年間の一般教養科目に続いて、四年間の専門課程では、解剖学、生理学、病理学、法医学、薬理学、微生物学、衛生学、医史学などの基礎医学と内科学、外科学などすべての臨床医学が必修である。ほとんど不可能

と思えるほどの膨大な知識をとにかく頭に入れなくては試験に合格しない。

三年生のときの解剖学では辞書一冊分にもなるほどの体全体の詳細な解剖名を当時はラテン語、ドイツ語、日本語で覚えなくてはならなかった。小さな骨一本にも、そこにある一つひとつの溝や凹凸や棘にも名前がついていて、口頭試問でそれを訊かれて答えられないと、「ビーコン！（ドイツ語のビーダーコメンの略。もう一度来い）」と言われて落とされ、追試を受けなくてはならなかった。自分の記憶力だけが頼りで頭がパンパンになるまで知識を詰め込んだ。

今では、それが大分軽減されたようだが、それでも覚えなくてはならないことがまだ多い。でも、いずれそう遠くない将来では、「知識の総量」で必ずしも勝負が決まるというようなことにはならなくなるのではないかと思う。

そう思う根拠は、新しい知見がものすごい速さで増えているので、それらのすべてを知ることは、太安万侶《おおのやすまろ》に誦習した帝紀と旧辞を口述で伝え、『古事記』を書かせた稗田《ひえだの》阿礼《あれ》や、目にしたものすべてを記憶し、忘れることができないという人気テレビドラマ『アンフォゲッタブル』の女性刑事のキャリー・ウェルズのような超人的な記憶力の持ち主でもない限り不可能だからである。

一九五〇年の時点で、医学的知識が二倍になるには五十年かかったそうだが、一九八〇年にはそれが七年になり、二〇一〇年には三・五年、そして東京オリンピックが開催される二〇二〇年にはたったの七十三日と予測されている。そうなると、すべての領域で最新の医学的知識をキープしておくことは不可能なことになり、いくら勉強しても自分の知らない知識量のほうが自分の知っている知識量をはるかに凌駕してしまう。これと同じような現象が程度の差こそあれ、多くの分野でも起きているのだと思う。

ものすごい速さで増えている知識を全部頭の中に叩き込んで、いつでも使えるようにしておくことはとうてい不可能だし、その必要もないと思う。自分の頭の中ではなく、いつでも簡単に取り出せるようなところへ保存しておけばそれで充分であると、記憶力に衰えを感じ出した三十年ほど前から、パソコンの中に情報を入れることにした。医学専門誌や新聞などに出ている興味のある記事を切り取って、大学ノートに貼り付け、その記事がいつでも抽出できるように、タイトルとキーワードをファイルメーカーというソフトを使ってパソコンに書き込むのである。

今ではその大学ノートは八十八冊にもなっていて、すでに五千項目以上の情報が私の脳外の知識としていつでも取り出せるようになっている。これでも足らない場合には、パソコンのインターネットで検索して探せばかなりの情報が手に入る。

知識量を増やすだけに時間を費やすのではなく、持っている知識を使って直面している問題をどう考えるかに重点を置くべきである。また、今自分が知っていることがup-to-dateの知見と合致しているかどうか、もし合致していなかったら、新しい知見と何がどう違い、そのどちらに信憑性があるかを検証する心がけが必要になる。

もちろん、知識量を増やす地道な努力は続けるべきだと思う。とくに語彙《ごい》は日本語にせよ、外国語にせよ、できるだけ多くを覚え、それを使えるようにしておくことが望ましい。言葉は自分の考えをまとめ、それを適確に表現する上で不可欠な要素である。語彙を増やすためには、新聞、雑誌、本などで読み方や意味がわからない言葉に遭遇したら、そのままにしておかずに、今は簡単に調べられる電子辞書があるので、それなどを使ってすぐに調べておくようにしたい。私はいつも大学ノートを手元に用意しておいて、電子辞書で調べた文字や意味を書き留めておくことにしている。

どんなに高齢になっても、広い視野に立って、できるだけ多くの知見に触れるべきである。そして、その中から何としても記憶に留めておきたいものがあれば、記憶するように努力すべきであり、それほどでもないものなら、必要に応じて取り出せるような形でどこかに、たとえばノートにメモしておくなどして、とりあえず保存しておくか、あるいは、思い切って切り捨ててしまうかである。

私の周りには上質な知識を豊かに身につけている高齢者が何人もいる。その人たちは若い人から一目《いちもく》も二目《にもく》も置かれていて、いつも羨ましく思っている。

好事魔多し
——今の自分にとって何が危険かを考える

物事があまりにうまく運んでいると、こんなに良いことばかりが続くはずはない、そのうちにきっと何か悪いことが起きるに違いないと不安になる。それは長年の経験から、「禍福は糾《あざな》える縄の如し」であることが身にしみているので、良いことの次にはきっと悪いことが起こるに違いないと覚悟して、今ではそれに対して身構えることがごく自然にできているからなのだと思う。

だが、若いころはそうではなかった。大きな幸運が舞い込んできたときには、多分、自分ではそんなつもりはなかったのだろうが、人目もはばからずに欣喜雀躍《きんきじゃくやく》して喜びをばら撒いていたに違いない。そんなとき、周りの人たちは、はたして喜んでくれていただろうか。親族は別として、決してそうではなかっただろう。中には喜んでくれた人はいたとは思うがそのような人はごく稀で、ほとんどの人は表面では喜んでくれているように振る舞いながらも、内心は羨望や妬みの感情が渦巻いていたに違いない。

このような人情の機微を実感するようになったのは、もう人から羨まれるような出来事など起こるはずもない、人生の最盛期を越したずっとあとになってからだった。

私の座右の銘の一つに「得意冷然、失意泰然」がある。これは、得意の絶頂にあるときは、有頂天にならずに何事もなかったように平然と構え、失意のどん底にあるときは、落ち着いて、物事に動じないようにすることをいうのだが、実際にそうすることは容易ではない。大学病院に在籍していたころは、これに従って心の容《かたち》を整えようと真摯に立ち向かったことが何度かあった。それは、濁流に呑み込まれて今まさに押し流されそうになったとき、岸辺の木から張り出している一本の小枝に手が届き、それに必死になってしがみつき、辛うじて一命をとりとめることができたようなものだったと思う。

とんとん拍子に出世の階段を上っていた人が、ごく些細な出来事につまずいて階段から転げ落ちることがある。その些細な出来事は、身から出たサビともいえるようなことがほとんどで、ちょっと注意していたら避けられたのではないかと思われる。政界で飛ぶ鳥落とす勢いの人が、失言や政治資金規正法違反や収賄やさまざまな金銭的トラブルなどで、あっという間に失脚することが今ではそれほどめずらしいことではなくなっている。そこまでの高みに到達するまでには、非凡な才能と努力に加えて、数々の幸運に恵まれていたのだろう。

だが、往々にして幸運の足元は暗く、そこにはしばしば大きな落とし穴が仕掛けられている。謙虚な気持ちで注意を怠らなければ、そんな落とし穴などすぐに見つけて避けて通ることができるのだが、幸運に酔った目にはそれが見えないのであろう。

子供のころから、「勝って兜《かぶと》の緒を締めよ」「出る杭は打たれる」「驕《おご》る平家は久しからず」、などの格言をいろいろな機会に聞かされ、隠忍自重するように注意を受けてきた。それに従って行動したことで、辛うじて難を逃れることができたことが度々あったし、それを怠ったために痛い目にあったことも少なくなかった。

良いことが重なると災いを呼び込む恐れがあるとして、注意を喚起する日、いわゆる危険防止デーとして、定められたのが五節句である。五節句とは、一月七日（七草の節句）、三月三日（桃の節句）、五月五日（菖蒲の節句）、七月七日（たなばた）、九月九日（菊の節句）のことであり、一月を除いてすべて月と日も同じ数字で単数、そして奇数である。

中国では奇数は陽と考えられていた。奇数の月と奇数の日が重なる日は、陽の重なる日であり、すべての生命が最も激しく燃えあがる日であって、大吉と考えられた。そして大吉は大凶につながるという発想から、この日は危険な日であると恐れられ、そこから祭りが生まれた。それが節句である。

このような陰陽の思想から生まれた五節句だが、今日では、季節の節目の祭りとして受け継がれていて、本来の危険防止デーとしての意義は失われている。大昔から、吉事が重ねて起きるようなときには大きな凶事を呼び込む恐れがあるとして、身を慎むことが推奨されていたのである。五節句を祝う折に、今の自分にとって何が最も危険になっているのかを考え、それに対しての心構えを整えるようにするのも一つの知恵だと思う。

「明日はない」という認識
——先のことより目前のことを実行する

これまでに悔しい思いを散々してきた。その中には今思い出しても悔しさが甦ってくるものがいくつもある。

現役のころは学会や研究会で年に何度も会っていた大阪の友人が大学を定年退職し、その五年後に私も定年で大学を去ってからは、なかなか会う機会がないままに、手紙のやりとりだけになっていた。会おうと思えばすぐにでも会えると思っていたが、やはり東京・大阪間の地理的な距離感は大きく、近々のうちにぜひ会おうと言い合いながらも、双方とも五年以上も重い腰を上げなかった。

それでも本当に今年こそはと年賀状にも記し、また、友人の年賀状にも春の学会に合わせて上京すると書いてあった。ところが、別の友人の年賀状にその大阪の友人が暮れに突然死したことが記されてあった。そうなると、友人は年賀状を出し終えたあとに亡くなったことになる。積もる話があったのに、出不精のためにそれが叶わなかった悔しさが今も忘れられないでいる。『俺たちに明日はない』というギャング映画があったが、私たち高齢者もときには「明日はない」という認識が必要なのだと思う。

心不全が小康状態を保っていた高齢の婦人から、

「どうしても一度故郷へ帰りたいんです。この年で、しかも病気持ちで、旅行なんて無理なことは百も承知してます。でも、故郷に『さようなら』だけは言ってから死にたいんです」

こう言われて、もちろん私は反対はしなかった。だが、

「来年の春になったら、行っていらっしゃい。そのために、今から無理をしないように充分注意しましょうよ」

と今すぐにでも行っていいとは言わなかった。それから一ヶ月も経たないうちに風邪を引いたことがきっかけに、心不全が悪化し緊急入院となった。そして、二週間後に脳

梗塞を起こして亡くなった。年をとってくればいつなんどき、何が起こるかわからない。ずっと先の大きな約束をするより、目の前の実行可能な約束を一つひとつ現実のものとしておくべきなのである。

振り返ってみれば、この患者さんには何度か小旅行程度なら充分可能な時期はあったが、もう少しよくなったほうが安心という医者の立場の常識から許可しないでいた。今なお思い出すたびに後悔の念にかられている。

学生のときには悔しい思いをしたことはそれこそ、大小まじえて数えきれないほどあったが、中でも五年生（医学部三年）の夏季休暇中、大田原日赤病院（現那須赤十字病院）で病院実習を友人と二人でしたときのことは今でも忘れられない。私はそのときはまだ、将来何科を専攻しようかをはっきりと決めていなかったが、産婦人科には興味はなかったし、手先が不器用なので外科には向いてなさそうだったので、せめてここでは産婦人科と外科の実習に参加したいと思った。産婦人科では、出産に立ち会ってみたかったがなかなかその機会が訪れなかった。

ある晩、一緒に病院実習に参加した、将来産婦人科医になることに決めていた友人と分娩室のすぐ近くの部屋で、待ちに待った出産に立ち会えるのを今か今かと息をつめて神妙にしていた。まもなく待望の出産の様子を見ることができるとわくわくしながら、産科の教科書を何度も読み返していた。出産間近になったら報せてくれることになっていたのにその報せがなかなか来ない。待っている間にコーヒーを何杯も飲んでいたのでトイレに行きたくなった。まだ我慢できないほどではなかったが、出産が始まらないうちにと思ってトイレに行った。トイレは分娩室からそれほど離れていないところにあったので、用を足して戻ってくるのに数分とかからなかった。

だが、部屋に戻ってきたときには友人はそこにいなかった。あわてて分娩室に行ってみると、すでに無事に出産が終わっていて、元気な赤ん坊の泣き声が響きわたっていた。しまったと思ったがもうあとの祭りだった。出産に立ち会えた友人は喜色が満面にあふれていたが私は地団太踏む思いだった。産婦人科を志望していた友人に幸運の女神が微笑んだのだろうと思ってはみたものの、あのときトイレにさえ行かなかったらと、悔しくてならなかった。今でも、「もし、あのとき……」と思い出すことがある。

その病院では、もう一つの私にとってはとんでもない不名誉な出来事があった。それは外科手術を手術台のすぐそばで見学することになったときのことである。その当時、まだエアコンが普及していなかったので、手術室には冷房用に特注された大きな氷柱が何本も床の上に立てられていた。私は一丁前に術者と同じように手を消毒し、手術衣を着て手術台の脇に立った。何の手術かは忘れたが、腹部を消毒液で拭い、術者の先生が、

「それでは始めよう」

と言って、腹部の表面にメスを入れた。そのときぱっと出血したのが視野に入った途端に嘔気《おうき》を催し、頭の中が真っ白になり、気がついたときには手術室の脇の控え室のベッドの上にいた。不覚にも失神したのである。それからあとが大変だった。話に尾ひれがついて、病院中どころか、病院の外にまでうわさが面白おかしく広がっていた。

翌日、友人と病院前の飲食店でかき氷を食べているとき、客の一人が話しているのが聞こえてきた。

「東京から実習に来ている医学生が外科手術の見学中に血を見てぶっ倒れたんだそうだよ。あれでまともな医者になれるのかねえ、前代未聞だねえ……」

友人はにやにやしていたが、私はすぐにでも席を立ちたかった。でも、そんなことを

すれば私がそのうわさの張本人だとばれるかもしれないと思ってぐっと我慢していた。実はこの件に関して、あれは血を見て失神したのではないという私なりの言い訳があった。

術者が顔や首にかいた汗が手術部位に落ちないように、看護師がガーゼで拭き取るのだが、その病院では夏は氷柱に貼り付けておいた濡れたガーゼを使用するのが慣例になっていたらしい。たしかに、氷で冷やされたガーゼで拭かれれば気持ちがいい。だが、私の場合はそれが裏目に出た、と思っている。開腹手術が開始され、出血したのが視野に入ったちょうどそのときに、タイミング悪く看護師が冷たいガーゼで私の顔と首を拭いたのである。

突然頸部が冷却されたことで、反射的に脳血流が低下して脳貧血を起こしたのであって、出血したのを見たことが失神の原因ではないというのが私の言い分なのだが、友人をはじめ周囲の人たちはまるで取り合ってくれなかった。当時は悔しくてたまらなかったが、今こうして振り返ってみると、喜劇の一場面のように思えて自然と笑いがこみ上げてくる。

あのとき一緒に実習した友人は、後に私が教職を務めた同じ大学の産婦人科の教授になったが、残念ながら数年前に鬼籍に入った。あのときの言い訳をもう一度じっくりと話したかったのに。

第四章　春に笑う

閑中忙あり

――「足るを知る」ことを念頭に置き、ゆったりと

ときには、一日中何もしないでぼうっとして過ごすのも悪くはないが、それが毎日となると苦痛になってくる。自分が自分でなくなってしまうように感じられて、このままではいけない、何とかしなくてはと思うようになる。

若いころは、多忙な日々の中にちょっとでも寛げる時間があると、生き返ったように感じられたものだが、高齢になり定職を持たなくなると、有り余るほどの閑の時間の中で、ややもすれば日々の生活は緩みすぎて、精彩に欠けてくる。仕事でも遊びでも精神が高揚するような出来事がときどきでもあれば、生活は活き活きしてくる。

若いころはどんなに忙しくても、「忙中閑あり」とばかりに、たっぷり閑をとること

にしていた。今は、毎日が閑詰《かんづめ》の中にいるようなので、その中にできるだけ良質な「忙」を差し込むのに結構気を遣っている。それに、愉しめるような「忙」を探し出すのがまた、愉しいのである。

「忙」の中身だが、これまでのしきたりとか、義理・人情などが絡んでいて、しかも気乗りがしないようなことはまず排除することにしている。とくに冠婚葬祭への直接の参加は最小限度に留めている。一方、親しい人との歓談や会食、観劇、旅行など、その日が来るのが楽しみになるような機会は積極的に取り入れるようにしている。

定年退職後は週に二日、それも午後だけ近くの病院で外来診療を担当していることが「閑中忙あり」の「忙」の要になっている。このしっかりとした「忙」があるために、その他の日の「閑」を心おきなくエンジョイできるのだと思っている。

定年後の「閑」の過ごし方について、何年か前に著わした『定年ちょっといい話　閑中忙あり』（集英社文庫）の中でこう記した。

「〝定年道とは楽することと見つけたり〟と私は思っている。〝楽〟とは嫌なことを一切しないで、自分が楽しいと思うことだけをするということである。そんな贅沢は今の自分にはとうてい無理なことと思っている人は、ひょっとすると、欲という一文字をいつまでも後生大事にしている人なのかもしれない。

私たちにはもはやそれほど多くの時間が残されているわけではない。その限られた時間をもっと、もっと、活き活きと自由に生きたいと思う。その願いを完遂させるためには、〝足るを知る〟ことを常に念頭におかなくてはならないと痛感している。」

私たちはすでに必要な物は充分に持っていて、これ以上必要な物はないと言ってもいい。足ることを知れば、何か得ようとあくせくしないですむし、ゆったりと構えて、一日一日を自分の生のために大事に使うことができる。

ここで閑を愉しむために二、三提案したいことがある。

まず第一は、それまでは時間の制約があって、やりたくてもできなかったことで、今でもやってみたいと思っていることがあれば、時間だけはたっぷりあるので、何はともあれそれに手をつけてみることである。実際にやってみて、うまくいけば最高の喜びになるが、うまくいかなくても、チャレンジしたということでそれなりの満足感を得ることができるはずである。

次は人を喜ばせることをお勧めしたい。今の自分の存在が周りの人たちにどのように受け取られているだろうかと、ときどきは考えておく必要がある。つまらなそうな顔をして、一日中家でごろごろしていれば、家族の者たちは暗い気持ちになってしまう。日本人は人を喜ばせるということをあまり得意としていない。ビジネスに関してはきわめて優秀な人でも、プライベートな付き合いとなると、まともな会話ができないという人が意外と多い。現役のころは外から光が当てられ、それなりに輝いていたが、定年退職したあとは自家発電して自ら光を出して明るくしなければ、暗い存在になってしまう。精一杯、自家発電して、周りの人たちを少しでも明るくする灯りを灯すことが高齢者の務めであることを認識すべきだと思う。

もう一つ付け加えるとすると、小説を読むことをお勧めしたい。私たちはこれまでさまざまな経験をしてきたが、それでも個人の世界は限られている。小説を読むことで、自分とは関わりのない世界を垣間見ることができる。小説には人生の濃厚なエッセンスが詰め込まれており、読み終えると自分の人生に新しい色彩が加わったような気分になる。小説はまさに人生を豊かにする調味料だと思っている。

そのほかにも閑を愉しむ方法はいくらもあると思うが、サンプルの一つとしていただければ幸いである。閑中忙を存分にエンジョイしようではありませんか。

虫がよすぎる

——労せずして功を得ることなどない

「それは虫がよすぎる」と、自分に対しても他人に対しても思うことが少なくない。これまでも多分にそうであったとは思うが、近ごろではとくに自分本位に考える度合いが増してきているように思われて反省している。高齢になると体のあちこちに不具合が出てきて、若いころのようには体が思うように言うことをきいてくれない場面が多くなる。そうなると自分の身をかばうことが先になって、他人の都合が後回しになりがちになる。

高齢であるというだけで大目に見てもらえるかもしれないなどと、ほんのわずかでも思っているとしたら、それは虫のいい話なのである。高齢であることは特権でも何でもない。高齢になれば自分一人でできないことが増えてくるのはしかたがないことで、それをすべて他人に頼んでやってもらうというのは虫がよすぎる話である。自分でできないことは原則として諦めることである。もし、それをどうしても諦めきれずに他人に頼むというなら、それなりの代価をきちんと支払うべきである。

これは友人から聞いた話だが、浮気がばれた妻が夫から離婚話が出たとき、夫に対して慰謝料を請求したというのである。この場合、夫が妻に対して慰謝料を請求するのならわかるが、浮気をした当の妻がこともあろうに夫に対して慰謝料を求めるとは常識では考えられないことであり、あまりにも虫のよすぎる話だと思った。だが、妻の言い分は夫がもう何年もの間セックスレスであり、このことが妻の人権を無視し、精神的な苦痛を受けたというのである。

この夫婦の間には、他人にはわからない深刻な問題が山積していて、たまたま妻の浮気が表面化して離婚ということになったのかもしれない。そうなると、浮気をした妻が夫に慰謝料を請求するというこの離婚話は、虫のいい話として単純に割り切れないような気がしてくる。

遺産相続のときには、さまざまな虫のいい話が続出してくる。ほとんど寄りつかなかった親族が何だかんだと言って、遺産の分け前を要求することがある。中には亡くなった人に散々迷惑をかけて、多額の借金までしているのに、生前にこれこれのものを自分にくれると約束をしていたなどと言って、形見分けとしてもらいたいという人も出てくる。

"A friend in need is a friend indeed"(まさかのときの友こそ真の友)という英語の諺を、まさにその通りだとこれまでに何度も実感してきた。そして、この諺の裏側にある、まさかのときに友でない人は真の友ではない、という苦い経験も幾度か味わったことがある。そしてもし今、まさかのときに友でなかった人が助けを求めてきたとしたら、幸いそのようなことはこれまでなかったが、それは少し虫がよすぎるのではないか、というリベンジの感情が同情に先行して出てくるのではないかとちょっと不安になる。

高齢者を狙い撃ちにした詐欺事件が頻繁に報じられている。投資した元金は保証され、短期間に多額の利益が得られるという、第三者から見れば、そんな虫のいい儲け話などあり得ないと思うのだが、詐欺師の魔術にかかった当の本人は、その儲け話を疑いもせずにあっさり信じて大金を投げ出してしまうのである。欲に目がくらんで理性が働かなくなってしまうのだろう。世の中には労せずして功を得ることなどめったにあるものではない。それでもというのなら、三百円投資してジャンボ宝くじを一枚買って、三億円を手にしようという虫のいい話に乗ってみるのはどうだろうか。そんな幸運にめぐり合う確率が天文学的な数値分の一であるなどと野暮なことを考えずに、三百円の夢を買うのである。

神社で参拝するとき、家内は「万事よろしくお願いします」と言うだけなのですぐに終わるが、私はいろいろな願いごとをするので時間がかかる。そんなとき、家内からは「わずかなお賽銭で一度にそんなに沢山のお願いごとをするなんて虫がよすぎますよ」と言われることがある。それもそうだが、そこを聞き入れてくれるのが神様ではないかと言いかけて、それこそ虫がよすぎると非難されそうなのでいつも口をつぐむことになる。

意地

――「老いては子に従え」ではなく「老いては子を従え」

ある日、デパートの書籍売り場を見て回っているとき、夏目漱石の文庫本の『草枕』が目に入った。『草枕』を初めて読んだのは多分、高校生のころだったと思うが、それがどんな内容の小説だったのかはすぐには頭に浮かんでこなかった。だが、冒頭の部分だけはおぼろげに覚えていたので、それを確かめるためにその文庫本を取り上げてページをめくってみた。

「山路《やまみち》を登りながら、こう考えた。智《ち》に働けば角《かど》が立つ。情《じょう》に棹《さお》させば流される。意地を通せば窮屈だ。兎角《とかく》に人の世は住みにくい。」

ノスタルジックな気持ちで文字を目で追っていて、ふと、「意地を通せば窮屈だ」というところが引っかかった。「意地を通せば窮屈だ」ということは、自分の考えや行動を強引に推し進めようとすると、協調性がないと受け取られて周囲から反発を受けることになり居心地が悪くなる、ということになるのだろうか。そう考えて、そのときはそれ以上考えずにいたが、家に帰ってから妙に「意地を通せば窮屈だ」のところが気になり出した。というのは、近ごろでは「意地を通す」ことをあまりしていないのではないかと思えたからである。

「本当に頑固で、一度言い出したらもう人の言うことなどまるで聞かないんですから……」

などとよく家内がこぼしていたのに、近ごろそれを聞かなくなっている。今でも内心ではそう思っているのかもしれないが、それでもそれを口に出して言わないところをみると、やはり私は変わったのだと思う。意地を通そうとしなければ、周りの人との軋轢《あつれき》を避けることができ、気まずい思いをしなくてすむ、などとはっきり意識しているわけではないが、意識のどこかにそれに近いものがあって、意地を引っ込めているのかもしれない。それに意地を通してまでやりたいことも、またその意欲も少なくなってきてもいるようにも思われる。

こうして意地を通すことが少なくなってくると、自分らしさが薄れてきて、やがて角のとれた物分かりのいい好好爺になるのではないだろうか。世間的には、これでめでたし、めでたしということになるのだろうが、私は手放しで喜んでいいとは思っていない。いや、むしろ、そうであってはならないと考えている。

高齢者は周囲の人たち、とくに若い世代の人たちの良きカウンターパートであるべきだと思っている。意地を通そうとしている頑固ジジイ（ババア）は、何でも自分の思い通りになると考えている人たちにとっては厄介な存在だが、問題の本質を再考する機会を与えてくれているという認識は少なくとも意識下では持っているはずである。「老いては子に従え」ではなく、「老いては子を従え」の気概を持って通すべき意地は断固貫徹すべきだと思っている。

意地を通すという心の姿勢は失いたくないと思っているし、人が意地を通そうとしているのを無下にしようとは思わない。

入院している重篤な患者さんの中には、何としてでも退院して自宅で最期を迎えたいという人が何人もいた。担当医が思いとどまらせようと懸命に説得しても、頑として退院すると言って聞かなかったとき、家族にそれを受け入れる用意がある場合には、あえて反対しないで退院を許可することにしていた。それは、退院することで死期を早めることになったとしても、残された時間を自分の思い通りに過ごすことのほうが患者さんにとってははるかに有意義だと思えた、いくつもの苦い経験があったからである。

意地を通す気概のある人には何か惹かれるものを感じる。たとえその意地が困った結果をもたらすと思えても、強く反対することに一瞬、躊躇してしまうこともある。

「タバコが体によくないことも、周囲の人に迷惑をかけていることも知っています。診ていただいている先生には申し訳ないのですが、誰に何と言われようとも、当分、禁煙するつもりはないんです。二十歳《はたち》前から五十年以上も吸っていて、癌にもならずにこうしてまがりなりにも元気で生きていますし、これから先のことはわかりませんが、今のところ家内や子供たちに受動喫煙による病気も見られていません。タバコをやめれば、心臓にも血圧にもプラスになるし、何年か寿命が延びるかもしれませんが、味気ない余生を送ることになりますよね。周りからは禁煙を迫られていますが、病気で入院ということにでもならない限り、禁煙するつもりはないんです。意地を張っているようですが、これが私の生きるスタイルなんです」

この患者さんの話を聞いていて、禁煙すればそれだけのメリットが充分期待できると説得したい私と、自分の意地を貫こうとしている硬骨な男に対して、憧憬の念を抱いている私とがいるのをはっきりと意識したほろ苦い記憶がある。

よき友、悪しき友

――『徒然草』に見る最高の友の条件

もう何十年も前のことになるが、中学時代からの友人たちとの雑談の中で、どんな奴が悪友でどんな奴が良友かを論じ合ったことがある。そのときどのように話が展開したかは忘れたが、友人の一人が詳しいことは覚えていないがと断ってから、『徒然草』に出てくる悪友と良友についての話をした。そのときは雑談の中にまぎれてその話はほとんど注目されなかったが、なるほどと感じたことがあったので、家に帰って高校時代に読んだ『徒然草』の教本を取り出して、友人が話していたところを探し、その全文を日記に書き写した記憶がある。

その本も日記もとうに処分してしまったらしく、どこにも見当たらないので、手元にある娘が大学受験で使った『徒然草』の教本で調べてみたが該当する箇所が見つからなかった。その教本は『徒然草』の全文を載せていないので、抜け落ちたに違いないと思い、インターネットで、「徒然草」「いい人」で検索をかけたところ、『徒然草』第百十七段にその記載があることがわかった。原文は以下の通りである。

「友とするに悪《わろ》き者、七つあり。一つには、高く、やんごとなき人。二つには、若き人。三つには、病なく、身強き人。四つには、酒を好む人。五つには、たけく、勇める兵《つわもの》。六つには、虚言《そらごと》する人。七つには、欲深き人。よき友、三つあり。一つには、物くるる友。二つには医師《くすし》。三つには、智恵ある友。」

『徒然草』は兼好法師が四十八歳から四十九歳の頃に書いたとされているので、今、こうしてこの文を読んでみて、当時としては高齢になりかけたころの兼好法師の心情を考えると、あらためてなるほどと納得できるものがある。

ここには悪き友の条件が七つ、よき友の条件が三つある。今風にこれらの条件を考えてみるとこうなる。

悪き友の一つ目の条件の「高く、やんごとなき人」とは、身分が高く、自分とは別の世界に住んでいる人ということである。日本にはインドのようなカースト制度もないし、イギリスのような貴族も存在しない。国民皆、平等であり、皇室を除き「やんごとなき人」は誰もいない。とはいえ、社会的地位による身分の違いは厳然と存在している。自分より明らかに出世した友人に対しては、引け目を感じて近寄りづらくなる。まして同じ会社で上司と部下という立場になった場合には最悪であろう。

二つ目の条件、「若き人」は友として好ましくないとしている。その気持ちはわからないでもないが、長幼の序の感覚が昔と比べて大きく違っていることもあって、今ではむしろ「年長者」を友として受け入れたくないという気持ちのほうが大きいのではないだろうか。

三つ目の条件の「病なく、身強き人」は、兼好法師の年齢を考えると納得できる。自分の体に衰えを感じるようになったとき、健康そのもので活気に満ちあふれている友人を見ると、どうにも疎ましく感じられる。そんな健康人間より「同病相哀れむ」といえる友人のほうが気が休まるのである。

四つ目の条件の「酒を好む人」は下戸の私には納得できるが、愛飲家にとっては「酒を好まぬ人」のほうが友には相応しくないと思うだろう。

五つ目の条件は「たけく、勇める兵」とある。これは「気性がはげしく、戦闘的な人」ということだが、まさしくこのような友人には近づきたくない。

六つ目の条件は「虚言する人」としているがこれには異論はない。大きな嘘ではなく、ちょっとした小さな嘘でも何度か度重なると、信用ができなくなり、少し間を置いて付き合ったほうがいいと思うようになる。

七つ目の条件は「欲深き人」とある。人は程度の差こそあれ、「欲張り」であることを自覚しているので、自分と同じくらいの「欲張り」には寛容である。だが、度を越す欲張りには嫌悪感を抱く。自分が得することだけを考え、損をすることには一切手を出さないような人と親しく付き合いたいとは思わないであろう。

「よき友」の一つ目の条件は「物くるる友」とある。友人から物を贈られれば悪い気持ちはしないが、同時に負い目も感じる。もらいっぱなしにしておくわけにもいかず、その返礼に気を遣うことになる。中元や歳暮のようにごくたまにならら、お互いのコミュニケーションを深める手段として贈り物のやりとりはそれなりの意義はあるが、それが度重なると迷惑に感じるようになる。「物くるる友」より「便りくるる友」のほうが「よき友」の条件に叶っていると思う。

二つ目の「よき友」の条件を「医師」としているのは理解できる。気楽に相談できる医師が友として身近にいれば何かと心強いが、現実には医師を友に持つことができる人はごく限られている。そこで、信頼できるホームドクターを探して親しく付き合うように心がけることである。

三つ目の「智恵ある友」を「よき友」の条件としているのは正鵠《せいこく》を射ている。しかし、己の狭量のために、自分より優れている友を敬遠する気持ちが心の隅に潜んでいて、知恵ある友と疎遠になっていることもある。今後のことを考えれば、三顧の礼に従ってでも「智恵ある友」と親交を保つべきだと思う。

こうして『徒然草』に記されている「悪き友」、「よき友」を見てきて、それでは自分は友人にとって、どれくらい悪き友であり、また、よき友であろうか、と戯れに自己評価を試みた。「高く、やんごとなき人」ではないし、「若い人」でもなく、「病なく、身強き人」とは言い切れないし、「酒を好む人」ではないし、また「たけく、勇める兵」

ではない、だが「虚言する人」や「欲深き人」ではないと言い切れない。そうなると「悪き友」の七つの条件のうちの二つ該当しているので「悪き友」の三十パーセントの要素を持っていることになる。

一方、「よき友」の条件の中では、「物くるる友」でも「智恵ある友」とも言えないが、幸いにも「医師」なので、「よき友」の三つの条件の一つを満たすことになり、辛うじて「よき友」の三十パーセントの要素を持っていることになる。「悪き友」と「よき友」の両方の要素をともに三十パーセント持っているという評価は大分甘いようだが、まあ、こんなところだろうと、とりあえずそう思うことにした。

昔の友、今の友
——人の気持ちは時間とともに変わっていく

大学時代のクラス会でもそうなのだが、もっと以前の小学校、中学校、高等学校のクラス会ともなると、ごく少数の例外はあるものの、もうほとんどのクラスメートの名前も顔も、また、どのような人物だったかの記憶もほとんど無に等しいと言っていいほど希薄になっている。

久しぶりのクラス会開催の報せを受けると、あのころの懐かしいさまざまな情景がごちゃ混ぜになって頭の中で展開してくる。そして、そのときたまたま頭に浮かんできた何人かの友に焦点を合わせると、おぼろげながら顔の輪郭も雰囲気も浮かび上がってくる。その中には、すでに亡くなった友が何人もいる。

特別に親しかったわけではなく、あれ以来多分、一度も会ったことはないと思うのだが、それでもちょっと会ってみたい気がする友も何人もいる。そんな友の顔が次から次に浮かんできて、クラス会への参加の返事を出す。そして、卓上のカレンダーに赤字で記入された「クラス会」の文字を見るたびに、軽い心の高ぶりを感じる。

だが、いざクラス会に出てそこで会う友はそれまで頭で描いていた友とは違う、まるで別人のように感じられる。会の進行役の幹事からの再三の三分間厳守の発言など、まるで耳に入る様子もなく、大幅に持ち時間をオーバーしての近況報告はほとんどが病歴報告で終始し、あのころの友の面影を窺《うかが》えるものがまるで感知されない。たしかに過去のある時期を共有したという事実があるので、そのころの片鱗を知る何かがあるに違いないと凝視するのだが、期待通りにはいかない。すでに、まったく未知の人としか思えない友が何人もいる。

このように感じているのは私だけではなさそうで、程度の差はあるにしても、ほとんどの参加者も同じような思いでいるのだろうという感触がある。だが、そこは大人の集まりなので、そんなことなどおくびにも出さずに、昔の仲間同士の雰囲気を醸し出すために、名前を呼び捨てにしたり、愛称や君づけで呼んだりするのだが、正直、しっくりとこない。大の大人が子供じみた友だちごっこの遊びをしているようで空々しく感じられてならない。

学校を卒業してからもう五十年も六十年も経っているとなれば、もう昔の友はそこにはいないと考えたほうがいい。まったくの別人なのである。あのころから今日までの自分自身のことを考えてみればよくわかるはずである。波乱万丈とまでは言わないまでも、いくつものドラマを書くことができるほどの出来事があり、それを乗り越えてきたのが今の自分であり、あのころからはとうてい想像もできない自分になっているのである。目の前の友も自分と同じような、いや、もっとドラマチックな人生を歩んできたのかもしれない。

そう思うと気軽に過去の思い出の延長線上に友を置いて語らうことが礼を失しているような気がして口数が少なくなる。初対面の人なら過去のことを何も知らずにゼロの状態からスタートして交際が始まる。その人がどのような人なのかをまるで知らないという不安はたしかにあるが、その一方では自分との関わりがこれまでゼロであるという気安さがある。

めったに会わない遠い親戚より、しょっちゅう顔を合わせて話をしている近所の人のほうが親近感があり、頼りにもなる。それと同じで、クラス会のときにだけ顔を合わす懐かしの友より、週に何度かお喋りをするスポーツジムで一緒になる人たちのほうに親しみを感じるのである。

懐かしさと現実とがあまりにも大きく乖離《かいり》しているので、話をしていてちぐはぐな応答になってしまう。友でいるためにはコミュニケーションを継続させなくてはならない。電話や手紙やメールなどで連絡を取り合うのはもちろん大切なことだが、それはあくまでもコミュニケーションを補強する手段であって、満足できるコミュニケーションを得るには不充分である。実際に会って話をすることによって、初めて意思の疎通が可能になり、友であることが実感されるのではないだろうか。

古《いにしえ》より「去る者は日々に以て疎く、来る者は日々に以て親しむ」(「古詩十九首」其の十四)と言われているが、今もなおそれが実感される。現役のころよく会って話をし、親交を深めた(と思っていた)人でも、定年退職後はまったく会う機会がないままになっている人は、今ではもう名前すらすぐには出てこなくなっている。一方、最近知遇を得た人でも、気が合って面談する機会が多くなると、旧知の間柄のように感じられることがある。

長い間連絡を取り合うことのなかった友と旧交を温めたいと思うことはあるが、実際には旧交を温めるまでには至らないことが多い。何度か会うことがあっても、交流を継続させるだけの意欲とエネルギーが充足していないと、いずれまた疎遠となり、気まずさだけが心に引っかかることになる。そして、人の気持ちは時間とともに変わっていくものだと痛感するのである。

義理
——社会生活を円滑に過ごすための潤滑油

定年退職してから少しずつ義理の範囲が狭くなり、その密度が薄くなってきているようだが、それでもまださまざまな義理が依然として存在している。肩書きや仕事に直結していた義理は、退職と同時に消失するものと思っていたがそうではなかった。肩書きや仕事を通しての義理は一人の人間として、それぞれの人の中に深く浸透していて、肩書きがとれ、仕事から離れても義理だけは取り残された形で存在しているものが少なくない。

もういい加減、そんな義理は勘弁してほしいと思うこともあるが、もしそれがすべてなくなったら、それまでの人生の大半の活動の場であった社会から完全に離脱することになる。そうなったときの寂寥《せきりょう》とした状況を想像すると、義理だけでつながっている現状でも、今すぐこちらから切り離す決断がなかなかつけられないという人がいてもおかしくない。

義理は恩に対する感謝の表現である。恩を施した側から相手に期待する義理と、恩を受けた側からの義理の受け止め方との間には、多かれ少なかれ乖離が存在する。期待通りか、それ以上なら義理堅いとして評価されるし、期待以下なら義理知らず、恩知らずと非難される。

私くらいの古い人間になると、義理というと、『人生劇場』（佐藤惣之助作詞、古賀政男作曲）の一節がすぐに頭に浮かんでくるのではないだろうか。

「やると思えば　どこまでやるさ
それが男の　魂じゃないか
義理がすたれば　この世は闇だ
なまじとめるな　夜の雨」

「義理がすたれば、この世は闇だ」とまではいかなくても、もし、義理がまったく通用しない世の中になったとしたら、人間関係は温もりのない、殺伐としたものになってしまうだろうと思う。対人関係や社会関係において守るべき道理である義理は、所属する社会や職業や地位や年齢などによって違いがある。そして、その義理が守れなかった場合の反応もそれぞれの立場で異なる。義理は情緒的であり、理知的な判断に基づくものではない。義理を欠く場合には、そこにどんな言い訳があるにせよ、相手にはそれなりのマイナスの印象を与えることになるという認識だけはしておくべきだと思う。

義理は社会生活を円滑に過ごす上での潤滑油にもなっている。義理を果たすべきか否かに直面したとき、今の自分にとってその義理を果たすことが、身体的、精神的、経済的にそれほど大きな負担ではなく、ただ、面倒なだけというのなら、義理を果たさないことからくる反動を考えるまでもなく、前向きに対応したほうがいい。

「転ばぬよう、風邪引かぬよう、義理を欠け」

これは岸信介元首相が高齢者の心得としてよく口にしていたとして知られている。天候の悪い日、とくに冬の寒い日に通夜や葬式に参加するのは高齢者にとっては心身ともに大きな負担になり、ときには体調を崩すことにもなりかねないので、代わりに身内の者を参加させるか、献花や弔電を送るか、葬儀がすんだあとで香典を送るかなどして弔意を伝える方法を考慮すべきだと思う。それは、高齢を理由に義理を欠いたとしてもたいていの場合、寛容に受け入れられるからである。

中元、歳暮、年賀状は義理をつなぐ手段としては優れものである。もらうほうも出すほうもそれほどの抵抗を感じないですむし、それなりの義理の意味合いを伝えることができる。中元や歳暮を送るときには、実際に品物が相手に届く前に、季節の挨拶に添えて、「心ばかりの粗品をお届けしますのでご受納いただきたい」といった趣旨の手紙なり葉書をあらかじめ送るのが従来からのしきたりなのだが、残念ながら最近では品物だけが届くケースが増えている。ひと手間かけて手紙なり葉書を添えることで義理の色合いに明るい色彩を加えることになる。

年賀状で辛うじてつながっている義理もある。毎年暮れになると、年賀状を出す人のリストを見て、もう出さなくてもいいと思われる人がいたらリストからはずすことにしている。だが、一度はリストからはずしてみたものの、あらためてはずした人の名前を見直してみると、その人との出会いやこれまでの経緯などが頭に浮かんできて、結局はまたリストの中に戻すことになるケースが多い。

年に一度の年賀状では蜘蛛の糸のように細いつながりでしかないのだが、それでも、切れずにつながっているという意識が安堵感を与えてくれる。高齢を理由に年賀状は煩わしいので一切出さないことにしているという豪快な人もいるが、小心者の私は義理の年賀状だと知りつつもせっせと出している。

年賀状

——生存証明ではなく、元気証明

元日の朝、郵便受けから年賀状の束を取り出し、書斎でゆっくりと目を通すのが年の初めの楽しみになっている。年賀状の数は定年退職してから年々少なくなり、今ではかつての半分以下になった。そして、年賀状を出す人の名簿に載っている人の中に、この一年の間に亡くなった人もいて、年賀状を出す数はわずかずつだが少なくなってきている。

年末近くになると、親族に亡くなった人がいるので年賀の挨拶を欠礼したいという葉書が届くようになる。その葉書に記された亡くなった人は、その人と一親等の間柄であることが多いのだが、中には叔父・叔母・従姉妹《いとこ》（従兄弟）やもっと離れた関係の人のこともある。人の死を報されれば、その人が自分とは直接関係がなくても、心が痛むものである。一親等から離れた関係にある人が亡くなった場合には、ごく身内だけの出来事に留めて、年賀を欠礼しないことにしている。

ほとんどの年賀状は決まりきった言葉だけがプリントされたもので味気ないことこの上ない。口の悪い友人は、このような年賀状はこの人が年賀状を書いていた時点で生存していたことを証明しているにすぎないと言うのだが、そこまで言うのはどうかなと思いながらも、納得する一面もある。

もう何年も前のことになるが、五十年近くの付き合いにもなる大阪の友人からのその年の年賀状は、毎年のことながら決まり文句だけの面白くも何ともないものだった。会って話をするときは、次から次に機知に富んだ話題が噴き出してくるのに、どうしてこうも陳腐な年賀状にしてしまうのかといつも不思議に思っていた。そのときも、その年賀状を見て、まあ元気ではいるのだな、と思ってひとまず安心することにした。

ところが、そうでなかったことが他の友人からの年賀状の追伸から明らかになった。それには、その大阪の友人が年末に死亡したと記されていたのである。机上に積まれた年賀状を上から順に目を通していて、たまたま大阪の友人からの年賀状を先に手にしたので、それから数分後にその友人の死を知ったときは、まさに青天の霹靂の思いだった。年賀状を出す時点でどのような状態だったのかはわからないが、少なくとも死が間近に迫っているような状態ではなく、年賀状を出そうと思うほどには元気であったことだけは確かであろう。そのことがあってからは、味気ない年賀状を見ても、それが単なる生存証明ではなく、元気証明だと受け止めることにしている。

年賀状に元気な写真や現状を報せる自筆の一言が添えられていれば、それを受け取るほうの初春の喜びになるのは間違いない。

私も横着してプリントした年賀状を使っているが、そこに旅行中の家内と二人の写真を印刷し、空いているところに一言自筆で付け加えることにしている。写真入りの年賀状は気恥ずかしくないことはないのだが、私たちの年齢を考えると、元気で生存していることをダイレクトに伝えるのにはいいと思うことにしている。

プリントされた文字だけの年賀状でもそこに記された名前に目をやるとき、その人の顔を思い浮かべてみる。そのとき、どんな状況での顔が浮かんでくるかは、まったくわからないが、それでも一瞬その人の顔がおぼろげながらも浮き上がってくる。年賀状に顔写真が印刷されていれば、昔と今とを対比させて、時の流れに思いを馳せることになる。このように一枚一枚の年賀状に目を通していると、さまざまな懐かしい情景がスライドショーのように脳裏を通り過ぎて行く。これは年賀状から与えられるお年玉のようなものである。

年賀状を一切出さないことにしたという人が私の知人の中に何人もいる。その理由がただ単に煩わしいためなのか、高齢による気力・体力の衰えのためなのか、もはや年賀状を出す必要性が認められなくなったからなのか、それとも何か特別な理由があってのことなのか、本当のところはよくわからない。出す、出さないは本人次第であり、傍からとやかく言う必要がないのだが、煩わしいので出さないという人には違和感を抱いてしまう。

それはともかくとして、来年の年賀状に載せる写真をどこへ行って撮るかの旅行計画をそろそろ始めなくてはならない。こんなたわいないことを考えるのも元気を生み出すエネルギーになっているのである。

奇跡は起こるか

――単なる偶然ではない、人智を超えた力

まさに、それは奇跡のようだったと思うことが誰にでも一つや二つはあるのではないだろうか。そもそも奇跡というのは、起こり得るがきわめて可能性が低い事象が起きること、または科学的に説明のつかないような要因で可能性が低いことが発生することであり、普通は良いほうが起きた場合の意味で使われる。

地震・津波・火山噴火・土石流・洪水・火災などの災害に遭遇し、ほとんど絶望的な状況下で救命された人たちがいる。その人たちはいくつもの幸運が重なったことが救命につながったのだと思うが、それでもそこには人智では解明できない何かが作用していたのではないかと、「奇跡」の二文字がいつも頭に浮かんでくる。

それは単なる偶然だと言われれば、そうかもしれないが、それにしてはあまりにも偶然すぎると思われることがある。自動車事故で車が大破したにもかかわらず、乗っていた人が奇跡的にかすり傷程度の軽傷ですんだというケースがテレビで報道されることがある。そのような事故現場の映像を見るたびに、こんな大事故にもかかわらず軽傷だったことは奇跡に違いないと思う。そんなとき、四十年以上前のアメリカでの自動車事故のことが思い出されてくる。

それは、アメリカのジョージタウン大学にリサーチフェローとして留学していたときのことだった。晩秋のある日、ワシントンＤＣから車で三時間ほどのところの友人宅に昼食に誘われ、家内と二歳の娘を連れて訪れた。久々の再会を存分に愉しんでいるうちに、天候があやしくなってきたので、早めに帰ることにして午後三時ごろ帰路についたが、途中から小雨が降り出してきた。

あと一時間ほどでワシントンＤＣに着くところまで来たとき、突然ハンドルが利かなくなり、車がくるくると大きく回転してハイウェイから外れて林の中に突入し、大木に衝突して停車した。車は大破した。

ハンドルが利かなくなったとき、後部座席にいた家内に「伏せろ！」と大声で叫んだことは覚えている。家内は咄嗟に娘を抱えて座席に伏せた。車の半分が押しつぶされたようになった大事故だったにもかかわらず、娘は無傷で家内は額にわずかな切り傷ができた程度ですんだ。私は後頭部にガラスの破片がいくつも突き刺さって大量の出血をしていたようだったが、痛みは感じず、意識ははっきりしていた。

通りかかった車が呼んでくれた救急車で近くの病院で応急手当てをしてもらい、そこから勤務していたジョージタウン大学病院へ搬送された。救急隊員や警察官が何度も「こんな大事故で三人とも無事だったなんて、まさに奇跡だ」と言っていたのが耳に入ってきた。大学病院で二日間入院して検査を受けたがとくに問題はなく、後頭部のガラスの破片が散弾銃のように食い込んでいたが頭蓋骨内にまでは到達していなかった。

事故の原因は後輪の右のタイヤが破裂したことだった。もし、前輪のタイヤだったら命がなかっただろうと聞かされた。それに対向車がいなかったことも命拾いにつながった。

このほかにも、大小さまざまな奇跡と思えるような出来事があった。中でも私の進路を決定づけた一つの奇跡がある。それは、アメリカ留学から帰国してすぐに出向した病院でのことだった。その当時は医者になったあと、大学病院で一年か二年研修を受けたのちに、関連病院へ出向するのが通例だった。私は大学院を修了した年に留学したので、帰国してすぐに関連病院へ出向させられたのである。

出向先の病院は東京近郊の市立病院で、今は堂々たる立派な総合病院だが、そのころはこれでも市立病院かと思われるほどの規模の小さな病院だったので、ここでは帰国したらやりたいと計画していた研究などとうていできるはずもなかった。しかし、研究せずに過ごしていたら、大学で本格的に研究したいという本来の目的はとうてい叶えられなくなるのは必定だった。研究で成果をあげたとしても、母校では何人もの優秀な先輩たちが無給助手のままで自分の出番を待機しているので、そこで教育スタッフのポジションが得られるという可能性はほとんどゼロに近かったし、また、東京近辺に新設されたすべての医科大学の主要な教育スタッフのポジションもすでに埋まっているようだった。

この時点では、大学での研究の道が完全に閉ざされたと思わざるを得なかった。だが、このままで終わりたくない、もし、日本が駄目ならもう一度アメリカへ行くという手もある、それには何としても私にしかできない研究実績をあげなくてはという考えが頭をもたげてきた。

そこで、こんな小規模で何の施設もない病院でもできる研究のテーマを考え、本来なら大型コンピューターで計測・分析する詳細な心電図波形の計測を、拡大鏡と定規を使って目で測定することにした。毎日五時間ほどその計測にあて、二年近くかけて三百人の健常人の心電図波形を分析し、その結果をアメリカ循環器病学会誌「American Heart Journal 1976」に投稿したところ幸運にも採用された。

その当時はまだ、このアメリカ循環器病学会誌に日本から投稿して採用されるということはごく稀なことだった。母校の先輩たちからは予想していた通り、何の反応もなかったが、ジョージタウン大学で指導教官だった教授からは賞賛の手紙が届いた。それが私には大きな自信になった。だが、この自信を生かす道が日本にあるのかどうかがわからなかった。アメリカに戻ってリサーチする道を探すことも考えたが、家族のことを思うとその選択肢は遠のいた。

それならこれから先、どうするか、このまま勤務医として過ごすか、それとも思いきって開業するか、はたしてそれで満足できるか、後悔しないか、などと考えるようになったある日の午後、奇跡が起きたのである。

病棟の仕事が終わって、医局にコーヒーを飲みに入っていくと、そこには誰もいなかった。インスタントコーヒーを飲みながらソファーに座って一息ついていると、目の前のテーブルの上にいくつもの製薬会社のPR誌が乱雑に散らばっているのが目に入った。このようなPR誌など日ごろは手に取って見たこともないのに、その日に限って一番近くにあったものを取り上げてぱらぱらとページをめくった。中ごろまできたところに医科大学の紹介記事として杏林大学医学部が載っていた。そこで、誰が循環器内科にいるのだろうかと目を向けると、そこには教授が空欄になっていて、助教授の名前が一人あるだけだった。

そのとき、もしかしたら循環器内科の陣容がまだ整っていないのかもしれないと直感した。幸いにも同級生の名前が外科のスタッフの中にあったので、すぐに電話をして人事の最高責任者に会えるように手配してほしいと依頼したところ、何と理事長に会える機会を作ってくれたのである。そして、数日後の理事長との面接で、内科学講師として採用すると即決された。

その後も奇跡的に幸運が続き、一年後に助教授に、五年後には主任教授になった。振り返ってみると、医局であの製薬会社のＰＲ誌を取り上げずに、別のＰＲ誌を取り上げていたら、どうなっていただろうか。すべてが偶然そうなったにすぎないのかもしれないが、私には奇跡としか思えないのである。

春に笑う

——今こそ、高齢者が若い世代に大きなエールを

春になるとふと唐代の中国の詩人、孟浩然《もうこうねん》が詠んだあの有名な詩が頭に浮かんできてつい口ずさんでしまう。

「春眠暁《しゅんみんあかつき》を覚えず　処々啼鳥《しょしょていちょう》を聞く　夜来風雨《やらいふうう》の声　花落つること知んぬ多少ぞ」

だが、私は子供のころからの年季の入った朝型人間なので、四季を通じて毎朝、暁をがっちりと覚えている。そのために、「春眠暁を覚えず」のところはどうもピンとこない。だが、日中の春眠ならよくわかる。書斎に一人でいると、ついうとうとしたくなる。春は気温や湿度が睡眠に最適であり、しかも厳しい冬のあとで、体が緩んでいるせいもあって、余計に眠たくなるのであろう。

また、季節の変わり目からくる自律神経の変調とホルモンの変化が絡み合って、疲労感を増し、眠さ、だるさを誘発しているからかもしれない。さらには、睡眠時無呼吸症候群のために、夜間の睡眠が妨げられ、それが原因で日中、眠たくなっているのかもしれない。日中の眠たさが酷いようなら、睡眠時無呼吸症候群の可能性も否定できないので、一度、ホームドクターに相談したほうがいい。

それはさておき、桜の花が咲いている時期には、夜中の風雨で桜が散ってしまうのではないかと心配になるので、「夜来風雨の声　花落つること知んぬ多少ぞ」のところはよく理解できる。面白いことに、孟浩然の詩のこの部分から、いつも西行が詠んだ和歌、「春風の花を散らすと見る夢は、さめても胸のさわぐなりけり」が思い出され、それに続いて、「願わくは花のもとにて春死なん、その如月《きさらぎ》の望月《もちづき》のころ」が出てくる。

そして、まさにこの西行の和歌を地で行くようにして九十三歳で他界した、桜の花が大好きだった義母へと連想がつながる。義母は耳がやや遠いくらいで呆けもせず、健康に恵まれ、ごく普通に生活をしていた。亡くなる前日、三人の娘（家内と二人の義妹）と一緒に車で家の近くの桜の名所を見て回り、帰りに私の家で夕食をとって帰宅した。

翌朝、自分で寝室の雨戸を開け、そしてまたベッドに入ったらしい。一緒に暮らしていた義妹が、義母が朝食に起きてこないので寝室をのぞいて見ると、義母はベッドの中で眠っているようにして亡くなっていたのである。まさに、桜の花のもとで旅立ったといえる。

外来で診療している高齢の患者さんには、

「桜の花が咲くころまでは寒いところへ出ないようにして、家で温かくして過ごしてください」と言うことにしているので、桜の開花は「冬ごもり」からの解放を報せる合図になっている。冬の寒さは高齢者にとっては大きなリスクになっているので、春の到来を告げる桜の花を見ると、これでもう大丈夫だと内心、ほっとするのである。

名所といわれるところの絢爛《けんらん》たる桜の花を見に行くのも悪くはないが、たいていのところは花見客でうまっていて、静かにゆったりと花を愛《め》でるというわけにはいかない。家の近くの公園や団地の中には大きな桜の木が何本もあり、ウィークデーの昼間はそこにほとんど人影がない。その満開の桜の木の下にいると、仄《ほの》かな芳香とともに優しい温もりが降下してきて、大きな笑顔に包まれているように感じられる。

日差しの柔らかな高曇りの日に、どこからともなく沈丁花の芳香が漂ってくる。何本かある庭の奥の隅からなのか、それとも近隣の家からなのかはわからないが、その絶妙な芳香に陶然となる。沈丁花の枝を何本か手折って小さな花瓶に入れて書斎に置くと、部屋の中は春の香りで満たされ幸福な気分になる。

中国の宋代の画家・郭熙《かくき》は「春山は淡冶《たんや》にして笑うが如し」と芽吹きはじめた華やかな春の山を形容したが、山といわず身近な庭木や街路樹に若芽が萌え出て、たしかに笑っているように感じられる。

人間社会でも春は若芽が続出する季節である。入園、入学、新学期、入社、転勤、など新しい門出があり、あちこちで「お芽出とう」の声が聞こえる。そして、そこには笑顔があり、春の風が頬を撫でるように通り過ぎて行くように見える。

若い人たちの門出の晴れ姿を見ていると、かつて自分もあのような晴れがましい舞台の主役を演じたことがあったという記憶が、そのときのおぼろげな映像とともに、心の奥のほうからふつふつと湧き出てくる。多くの人たちから「お芽出とう。頑張れ！」と温かい祝福と激励を受け、それにどれだけ励まされ、元気と勇気を与えられたかわからないほどであった。今こそは、私たち高齢者が若い人の門出に大きな笑顔でエールを送る番である。

＊本書は書き下ろし作品です

石川恭三（いしかわ　きょうぞう）
一九三六年、東京生まれ。慶應義塾大学医学部大学院修了。アメリカ・ジョージタウン大学留学を経て、杏林大学内科学教授。現在は名誉教授。臨床循環器病学の権威で、専門の心臓病に限らず幅広く活躍。執筆活動も盛んで、著書多数。主な著書に『健康ちょっといい話』『心に残る患者の話』『医者の目に涙ふたたび』『医者が見つめた老いを生きるということ』『医者いらずの本』『いのちの分水嶺　その時、運命が決まった』『死ぬ前の覚悟』『名医がすすめる定年からのいい生き方』『50歳からの健康歳時記』『60歳からの5つの健康習慣』『命の時間を抱いて』『医者いらずの老い方』など。

一読、十笑、百吸、千字、万歩
——医者の流儀

二〇一六年二月一八日　初版印刷
二〇一六年二月二八日　初版発行

著　者　石川恭三
装　丁　坂川栄治＋坂川朱音（坂川事務所）
発行者　小野寺優
発行所　株式会社　河出書房新社
東京都渋谷区千駄ヶ谷二―三二―二
電話　〇三―三四〇四―一二〇一（営業）
　　　〇三―三四〇四―八六一一（編集）
http://www.kawade.co.jp/

印刷・製本　中央精版印刷株式会社

JASRAC 出 1516030-501
ISBN978-4-309-02444-8
Printed in Japan

河出書房新社・石川恭三の本

命の時間を抱《いだ》いて

医者人生五十余年。患者とともに、生の喜びと死の哀しみを見つめ続けてきた命の時間。絶望を乗り越え、人間としてどう生きるか。屈指の名医が渾身の力で描く感動の書き下ろし！

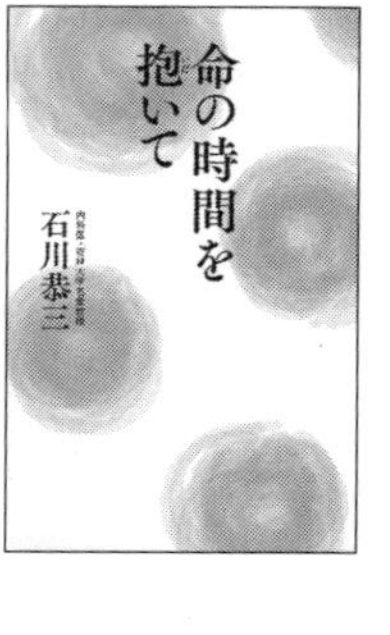

医者いらずの老い方

医者にかからず、病気にならず、豊かに老いを迎えるには？　屈指の名医が教える、心と身体の上手な休め方、老化防止の秘策を名文で綴る四十五篇。実りある人生の処方箋。